Pavement Maintenance Experience Sharing-by 70 specialists

70位养路人机械化养护经验谈

江苏省沥青路面热再生工程技术研究中心
英达热再生有限公司 编著

人民交通出版社
China Communications Press

内 容 提 要

全书主要从应急抢修与快速修复、节省人力物力、解决供料问题、常见路病修复效果、环保效益与成本控制、新奇路病修补与英达“修路王”创新用法等几个方面，对全国各地道路养护人员多年来使用英达“修路王”进行道路养护工作的体会和经验进行了归纳总结。

本书适合公路工程施工、养护技术人员和“修路王”产品一线使用者学习参考。

图书在版编目(CIP)数据

70位养路人机械化养护经验谈 / 江苏省沥青路面工程技术研究中心英达热再生有限公司编著. -- 北京 : 人民交通出版社，2012.4

ISBN 978-7-114-09701-0

Ⅰ. ①7… Ⅱ. ①江… Ⅲ. ①公路养护－机械化－工作经验 Ⅳ. ①U418

中国版本图书馆CIP数据核字(2012)第046161号

书　　名：70位养路人机械化养护经验谈
著 作 者：江苏省沥青路面热再生工程技术研究中心 英达热再生有限公司
责任编辑：刘倩
出版发行：人民交通出版社
地　　址：(100011)北京市朝阳区安定门外外馆斜街3号
网　　址：http://www.ccpress.com.cn
销售电话：(010)59757969，59757973
总 经 销：人民交通出版社发行部
经　　销：各地新华书店
印　　刷：南京南海彩色印刷有限公司
开　　本：880×1230　1/16
印　　张：12
字　　数：245千
版　　次：2012年5月第1版
印　　次：2012年5月第1次印刷
书　　号：ISBN 978-7-114-09701-0
印　　数：0001-5000册
定　　价：58.00元

序

我国公路建设自20世纪90年代进入高速发展时期，至今仍然处于持续高速发展的阶段。截止到“十一五”期末，我国公路总里程已达398.4万公里，其中高速公路7.4万公里。按照“十二五”规划，我国公路总里程将达到450万公里，高速公路通车里程将达到10.8万公里，届时我国将超过美国成为世界上拥有高速公路最多的国家。

随着公路通车里程的迅速增长，如何保持通车道路的良好使用性能和服务能力，是各级公路管理部门普遍关注的焦点。从政策的层面上，交通运输部已明确提出“建设与养护并重”的工作方针，而随着新建公路的逐步饱和，道路的养护维修将进一步成为公路管理的重点。

由于材料选择不当、施工质量控制不严、超载超限等多方面原因导致的沥青路面早期病害是高速公路建设中的一个突出问题，而坑槽、壅包、局部车辙和局部沉陷及由此而引起的局部网裂等局部性路面损坏则是早期病害中的重要表现形式。这些沥青路面的局部性损坏需要通过修复性的养护技术来进行处理。采用热辐射间歇式加热方法来修补沥青路面病害的热修补技术，弥补了传统热补工艺费工费时、效率低下、热补料与原路面和洞壁界面黏合薄弱等缺陷。

1997年，采用就地热再生技术进行道路日常修补的英达“修路王”（PM系列沥青路面热料修补车）在中国面世，经过十余年的推广，这一技术已在全国各省市得到了广泛应用，赢得了用户的一致好评，使中国成为世界上运用就地热再生技术最为广泛的国家。

一台性能优良的设备要充分发挥其作用，还需要使用者对设备具有正确的操作方法。全国各地在使用“修路王”的过程中，不断积累经验，将热补技术由坑槽治理进一步扩展至沥青路面许多局部性病害的处理上，例如路面局部的沉陷、壅包、车辙、桥头沉降、窨井周边塌陷等。英达公司将全国各地道路养护人多年来使用“修路王”进行道路养护工作的体会和经验集结成书出版，书中介绍了英达PM系列修补车在全国各地应用于高等级公路、机场路、市政道路沥青路面来处理各类病害的养护施工案例。相信本书的出版对于从事沥青路面养护施工的企业和工作人员将会有所帮助和裨益。

孙祖望

2011.11.16

目录

应急抢修与快速修复

节省人力物力

解决供料问题

常见路病修复效果

环保效益与成本控制

新奇路病修补与“修路王”创新用法

其　他

附　　录

推　荐　词

英达公司从事沥青路面热再生养护设备研发、生产、销售已有十四年，技术成熟、设备先进，尤其是主打产品“修路王”做到了对原路面沥青混合料完全循环再利用，是真正符合低碳经济、循环经济的沥青道路养护设备，而且其一体化设计，单台设备能够解决各种路病，完全满足机械化养护需求。总的来说，英达“修路王”是一台功能全、性能优的路面综合养护设备。

——吉林省交通运输厅副巡视员　闫长文

作为国家路网中的重要路段之一，赣粤高速公路进行日常养护时必须做到又快又好，一方面对出现的路病及时进行修补，另一方面也要注重养护质量，尽可能地延长路病复发周期。

从我们的经验来看，英达“修路王”施工过的路面与原路面之间实现良好的黏结效果，修补质量优异。英达“修路王”完全能够满足高速公路养护“又快又好”的需求。

——江西高速公路投资集团总经理　谢来发

交通运输部“十二五”规划中对建设“资源节约型、环境友好型”交通提出了更高的要求，这也对日常养护工作提出了更高的要求。全面推广新型养护技术、养护设备，走机械化养护之路成为迫在眉睫之举。

这本书是“修路王”用户使用这一设备的经验汇编，相信对大家会有一定的借鉴作用。

——重庆市交通委员会养护处处长　郝祎

自我局在高等级公路养护中使用英达“修路王”以来，不仅产品质量和性能可靠稳定，而且提高了路面修补效率、节约了维修成本，尤其在地广人稀的青藏高原使用英达“修路王”解决了冬季修补沥青路面的难题，赢得了基层养护单位的好评！

——青海省高等级公路建设管理局工程养护处处长　马培新

随着科技的发展和国家对“绿色交通”的重视，新型养护技术、养护设备的应用越来越广泛，走机械化养护之路成为必然发展趋势。

英达公司从事沥青路面热再生养护设备研发、生产、销售、道路养护施工已有多年，其主打产品“修路王”做到了对原路面材料100%就地循环再用，是真正符合低碳经济、循环经济的沥青道路养护设备。相信这本书对企业应用道路“绿色养护”技术、提高道路养护水平等方面会有一定的借鉴作用。

——山东省德州市公路管理局副局长　石学斌

在这本书中详细介绍了“修路王”在不同道路上治理“疑难杂症”的方式、方法及效果，对于我们道路管养部门来说十分受用。

——四川高速公路建设开发总公司总经理　周黎明

高速公路车辆流量非常大，在进行日常养护工作时必须做到又快又好，一方面要注重路病修复的及时性，另一方面也要注重养护质量。

采用英达的“修路王”，通过加热、耙松的施工方式节省了不少人力物力，效率也大大提高，而在充分加热的基础上添加新料，保证施工过的路面与原路面之间实现良好的黏结效果，修补质量更优。英达的“修路王”完全能够满足高速公路养护的需求。

——江苏沪苏浙高速公路有限公司总经理、党委书记　伍育钧

英达公司一直以来致力于道路养护行业节能环保技术的研究，是公路养护循环经济的倡导者和实践者。

英达研发的“修路王”产品是循环链条最短、资源利用最充分的道路综合养护车。

——江苏广靖锡澄高速公路有限责任公司总经理　杨笠

现在不少道路为了提高抵抗路面病害能力、延长道路使用寿命，采用SMA沥青混合料路面。然而，由于SMA沥青混合料的特殊材质，在日常养护时，对现场热再生施工时的加热提出了更高的要求。目前市面上很多热再生综合养护设备由于加热效果不佳往往难以对SMA路面进行有效处治，这给SMA路面推行现场再生养护增加了难度。

本书依托“修路王”设备，介绍了治理SMA路面病害的过程和效果。英达“修路王”其中一项核心专利技术——间歇性加热技术，确保了加热效果和效率，实现了对SMA路面的充分加热，同时对SMA路面材料的循环利用，减少废料排放、推广节能环保的养护技术带来了福音。

——江苏润扬大桥发展有限公司总经理、教授级高级工程师　华斌

杭州湾大桥桥面和普通沥青路面相比，由于其自身的特殊性，养护难度更大：一般桥面较普通路面薄，更容易出现各类路病，日常养护显得尤为重要；桥梁属于刚性结构，剧烈振动或加热过度都会影响桥梁使用寿命，甚至引起变形；桥梁本身都有承重限制，施工设备及施工时产生的压力不能超出桥梁的荷载范围。

以英达就地热再生技术为核心的英达“修路王”在治理桥面及桥头连接处各种路病方面有着独到的优势：间歇性热辐射加热技术能有效控制加热温度及加热深度；对病害路面加以耙松，不会产生剧烈振动影响桥梁结构；单台设备即可独立完成大面积路病修复，方便快捷，杜绝安全隐患！

——浙江省宁波市公路管理局路桥工程处处长　姚伯荣

英达热再生有限公司生产的PM系列沥青路面修补车，可以应对十多种路病的日常修复，同时“修路王”在治理大面积路病上也具有独到优势，对我们高速公路的日常修补帮助很大。

——江西赣粤高速公路股份有限公司常务副总经理　孙斌

我公司自1998年以来陆续采购了7台英达公司PM系列“修路王”，请英达公司升级改造了3台原进口设备，大大提高了公司道路机械化养护水平与维修质量，解决了冬季养护与应急抢修等问题。

本书从各地设备使用者的角度，多方面地介绍了“修路王”的使用经验，其中有很多值得我们借鉴，是一本值得推荐的好书！

——江苏宁沪高速公路股份有限公司副总经理　赵佳军

这本书中有许多地方的使用经历与我公司的使用情况十分相似，如常见路病坑槽的治理，“修路王”都能做到优质高效。

我们使用的英达“修路王”具有良好的机动性，操作也很人性化、很便利。英达国际领先的间歇性热辐射加热技术可对路面进行充分加热，加热深度能够渗透至路面以下4~6厘米，同时不烧焦

路面沥青。治理1平方米的路病仅需20分钟，给我们多次应急抢修工作带来很大帮助。

——江苏锡宜高速公路有限公司副总经理　仇国强

“修路王”在治理坑槽、网裂等路病时，充分体现了速度快、操作简便、施工质量好等优势。本书中，案例及经验分享绝大部分来源于一线设备使用者，他们治理路病的方式、方法对于刚刚开始使用英达公司“修路王”设备的企业具有实际指导意义。

——重庆铁发遂渝高速公路有限公司副总经理　张泽

正如书中所说，作为一台综合性养护车，“修路王”真正实现了单台作业，减少了日常养护中人力、物力的投入，特别是车上配备的加热恒温料仓，满足了即时提供热料的要求，给高速公路远距离修路带来很大帮助。

——河北宣大高速公路管理处副处长　冯升

干线公路车流量日益增大，在进行日常养护工作时必须做到又快又好。

采用英达“修路王”进行道路养护施工，效率大大提高，而且施工过的路面与原路面之间实现了热黏结，修补质量更优。

——江苏省昆山市公路管理处副处长　赵飞

由传统工艺切割、铣刨转变为加热、耙松，减少了尘土飞扬，英达“修路王”充分展现了它环保的特质，为我国公路机械化养护、环保型养护提供了具有实际参考意义的示范，值得全国推广。

——吉林省高速公路养护中心副主任　于佰祥

英达“修路王”机动灵活，施工速度快捷，采用单车道施工方式，交通干扰小，非常适合高速公路的日常养护。

——重庆中信渝黔高速公路有限公司路产与工程管理部经理　臧继成

现在道路养护越来越受到业界人士的重视。

在养护作业中，高科技的机械化养护是必然发展趋势，尤其在雨雪较多的北方，冬季养护中更离不开先进的机械设备。“修路王”是英达公司自主研发的机械化养护设备，实际使用情况证明其完全能够满足冬季道路养护的需求。

——河北省保津高速公路有限公司工程部经理　王晓东

要实现道路养护施工的优质、高效，用传统施工方式根本无法做到，要么是花了大半天时间还没能修好一个路病，要么就是没有几天道路再次出现问题。用英达的“修路王”，这些难题就变得不难了，“修路王”施工效率高，而且施工后路面可以形成热黏结，施工质量好。

“修路王”是真正省时、省力、质量过硬的道路综合养护车。

——福建省高速公路有限责任公司漳州管理分公司副总经理　李尚福

“修路王”是一体化设计，功能全、性能优，一台车加上三四个人就能进行道路养护作业。单台设备就能够解决各种路病，完全满足机械化养护需求。

——江西省高速投资集团抚州管理中心副处长　邹效平

英达“修路王”这些年在烟台地区冬季养护中做出了很大的贡献，尤其在高速公路的养护中，突显了养护及时性的优势！

——山东省烟台市公路管理局机务科科长　肖培永

“修路王”转场快捷，施工工艺简单，使用综合成本低，为治理干线公路作业点分散的路病提供很大的方便。

——江苏省张家港市公路管理处养护科科长　陆卫平

从过去的不习惯用到现在的各单位争着用，从过去的城市快速路试用到现在的繁忙干道全面应用，英达公司的“修路王”帮我们实现了道路修补的“快进快出”，加速了施工技术的更新换代，为创建以人为本的城市生活空间做出了贡献。

——重庆市市政设施管理局局长　蒋鸿

近年来，南京市政府一直坚持绿色环保、节能减排的政策引导，积极推进就地热再生技术的应用，并出台了硬性规定，制定了相关规范。2009年南京市一次性引进了10台英达“修路王”用于城市道路养护，为实现降尘、降噪、快速化养护和应急抢修提供了便利的条件，受到了广大市民的一致好评！

此书从实际出发，提供了全国各地采用英达“修路王”的养护经验，是一本值得推荐的好书！

——原江苏省南京市市政公用局副局长、现任南京市城市管理局巡视员　王懿

在城市里进行路面养护施工，既要对道路使用者负责，不能阻碍交通，又要对周边的居民负责，施工时不能影响他们的正常生活。

英达公司研发制造的“修路王”在施工时不影响交通通行，其加热墙可以消除弱接缝弱界面，提高修补质量。

——江苏省淮安市市政设施养护处处长、党委书记　叶俊峰

和普通沥青路面相比，桥面由于其自身的特殊性，养护难度更大。

以英达就地热再生技术为核心的英达“修路王”在治理桥面各种路病方面有着独到的优势，采取的加热、耙松、添加少量新料后压实的施工方式，既可对路面进行充分有效加热，形成层间热黏结，保证施工质量，又不会对桥梁结构产生影响，而且方便快捷，把对交通的影响降到了最低！

——山东省济南市城市道路桥梁管理处处长　李华水

在市政道路上进行养护施工，与干线公路、高速公路相比，有一些特殊要求：施工时不能扰民，不能对繁忙的交通造成任何影响，尤其是在市中心车流量大的路段。如今在城市中，不修路时堵车都时有发生，如果再出现占道施工或者封闭施工，后果可想而知。

传统道路养护工艺由于需要的辅助设备多、施工时间长等原因，对交通造成很大影响，难以满足现代市政道路养护的要求。英达公司的“修路王”则完全不同，这是一台多功能养护设备，一台车就能完成养护作业，在路上占据的空间很小，施工速度也很快，很适合在城市里用。

——福建省福州市市政工程管理处副主任　唐熙坚

扬尘问题是眼下影响城市空气质量的重要因素之一，而施工工地是扬尘污染的重要源头。沿用至今的传统道路养护方式引起的漫天灰尘一直是让城市管理者、养护工作者和城市居民头疼的问题，这样的施工方式带来了“多输”的局面。

一贯坚持创造“多赢”的英达公司研发生产的“修路王”，施工中不会产生扬尘、废料等，这种新型养护设备广受城市道路养护工作者好评。

——江苏省南京市市政工程管理处副处长　陆启良

英达“修路王”契合我处预防式养护的理念，特别是在进行桥头跳车、坑槽、横向裂缝等路病治理时，效果突出，适合用于城市道路养护。

——辽宁省沈阳市市政工程养护管理处副主任　汪谭

本书中介绍的很多实用案例，可以为我们市政道路的日常养护提供帮助，无论是常见的坑槽、裂缝路病，还是像城市窨井盖这样的特殊路病，书中都有详细的治理方法。相信在今后的道路养护过程中，“修路王”的功能可以得到更好地发挥。

——四川省攀枝花市市政工程管理处副处长　罗虹

英达公司作为成熟的热再生技术研发及热再生设备生产、销售企业，其生产的“修路王”系列道路养护车已在全国范围内有着较高知名度。

该系列产品适用于城市道路养护，具有转场迅速、施工快捷、对交通干扰小等优势。

——河北省保定市市政维护管理处副处长　史京晶

“修路王”产品在治理城市金属窨井盖周边路病方面有突出表现，其简单的施工流程、高效的治理速度得到了设备使用者的高度评价，解决了城市道路井盖治理难的问题。

本书适合“修路王”产品一线使用者多研究、多学习，将各地使用的经验更好地运用到本市的道路日常养护上。

——江苏省南京市秦淮区住建局局长　戴新

英达热再生技术是环保、节约、高效的代名词。

我们购买的英达PM220“修路王”，其优秀的加热技术能够保证在路面不烧焦的情况下达到6厘米的加热深度，治理1平方米路病仅需20分钟，给我们多次应急抢修工作带来很大帮助。

——江苏省无锡市滨湖区市政设施养护管理处处长　李甄

英达公司研发制造的“修路王”不仅解决了扬尘、噪声问题，使得施工环境有极大改善，而且“修路王”施工只占据很小的空间，因施工造成的交通干扰问题也得到了解决，的确非常适用于城市道路养护。

——江苏省苏州市市政设施管理处科长　陆瑞生

英达“修路王”综合养护车改变了传统的切割、丢弃旧料、填新料再压实的施工方式，通过加热、耙松、喷洒乳化沥青、添加部分新料压实的新工艺就可完成对路面的养护施工，解决了传统工艺施工质量差、环境污染严重、交通干扰大等问题，尤其在高架桥梁上施工，更能体现出其优越性能！

——山东省济南市城市道路桥梁管理处计划科科长　张力

英达热再生有限公司作为我国沥青路面热再生养护行业“领军人”，一直以来秉承带给社会低碳与环保、带给客户优质与节约、带给道路使用者安全和舒适的理念，并坚持自主创新。英达生产的“修路王”系列养护设备是获得多项专利技术的高科技道路养护产品，为德州市道路的日常养护工作提供了很大帮助。

——山东省德州市市政工程处养护科科长　庄永强

城市道路养护的施工环境较为复杂，传统养护工艺施工中会产生大量灰尘，容易造成交通堵塞等现象，对老百姓日常生活影响非常大。因此，快捷、环保、高质的就地热再生道路养护工艺的运用、推广，对城市道路的养护非常有必要。英达“修路王”的间歇性加热技术和热黏结技术，确保了加热效果和加热效率，保证了施工质量，真正做到了快捷、环保、高质！

——山东省济宁市市政工程处设备科科长　李克

“修路王”不仅适用于普通沥青路面，也可以对桥面进行热再生养护。与其他强电功率加热设备不同，它不会对桥梁产生任何不利影响，甚至对桥头跳车这类难治理路病也能有效治理，且处理后路面平顺度良好。

——江苏省东台市市政养护管理所所长　刘小庆

在这本书中，来自全国各地二十多家城市道路养护单位的管养人员与我们一同分享了他们在治理不同城市路病上的心得、体会，为我们今后的道路养护提供了很好的参考经验。

——江苏省常州市新北区市政绿化管理所副所长　李力

英达公司的“修路王”产品施工工艺简单，使用成本低，为我们工程建设企业带来了利润和发展方向。

——重庆渝达建设工程集团董事长　张谍

英达技术主要有几方面的优势，首先，技术先进，有助于提高质量；第二，成本低，对企业发展有好处；第三，节约、环保，有利于社会和谐。从长远来看，这种技术上的优势更加明显。

对我们东方控股集团来说，英达技术除了环保外，还有一个更重要的方面就是降低成本，并且施工中能保证交通畅通，从这点上来说，英达技术有着广阔的市场前景。英达技术是道路养护技术未来发展的趋势，东方控股集团引进这一技术是对传统道路养护工艺的一种突破，今后还要加大对这一技术的推广力度。

——东方控股集团董事长　丁新民

高速公路日常养护面临养护里程长、距离市区远、作业点分散等问题。传统养护工艺已经不能够适应我国当前公路养护需要，只有运用机械化综合养护设备才能够有效提高施工效率。

“修路王”的设计满足高速公路日常养护中供料、转场等方面的综合需求，值得在各地高速公路养护单位推广。

——苏州市路达高等级公路养护有限公司董事长　程天佐

英达热再生有限公司自主研发生产的“修路王”系列沥青路面养护车集成化高、效率高、实用性强，特别是配备的保温料仓供料质量好，功能相当于移动拌和站。我们经常通过“修路王”料仓来对拌和站废弃边角料进行处理后再利用，节约成本，一举两得。

——重庆速通公路养护有限公司总经理　卢娟

当初抱着试一试的态度购买了英达公司的“修路王”，通过两年的使用，“修路王”已经成为我们公路养护的最主要设备，承担了我们主要的路面养护任务。

英达公司的“修路王”产品具有施工工艺简单、使用方便快捷等特点，特别是车上配备的加热恒温料仓，实现了即时提供热料的要求，特别适合内蒙古低温条件下的路面病害修复，解决了以往冬季无法进行路面修补的困难。

——东方控股东方公路产业集团副总经理　郭栋

英达“修路王”使用的英达国家专利技术——层间热黏结技术可以有效对抗路面水损坏，确保南方雨季道路日常养护的质量，提高道路养护的综合效率，是值得推荐的现代化、高科技道路综合养护设备。

——广东华盟路桥工程有限公司副总经理　吴江龙

最新颁布的“十二五”规划对现代化交通行业提出了以持续发展、协调发展、创新发展、绿色发展、安全发展为原则，以构建“便捷、安全、经济、高效”的综合运输体系为战略目标的更高要求，同时也对公路日常养护工作的开展提出了更高的期望。机械化、节约化的绿色环保新型养护技术势必将成为未来主流的公路养护发展方向。

英达热再生有限公司自主研发、生产的“修路王”综合道路养护设备是一台现代化、机械化的高效养护设备，它真正意义上实现了对原路面材料的100%循环再用，同时，“修路王”施工工艺简单、施工迅速、使用方便快捷，其治理大面积路病的速度、质量都要明显高于其他同类产品。作为一台综合性养护车，修路王真正实现了单台作业，是一台集现代化、机械化程序于一身的多功能路面综合养护设备。

这本书集中了全国各地养护单位管养人在使用“修路王”过程中的心得和体会，相信能为我们日后的养护工作提供参考和借鉴。

——湖南省岳阳市通衢兴路公司总经理　邓湘阳

英达“修路王”产品是江苏省的高新技术产品，它真正意义上实现了原路面材料的100%原价值循环再用，施工中可节省大量对废料处理、运输以及大型施工设备运输的人力、物力成本，完全符合循环经济的“减量化”、“再利用”及“资源化”三大原则，符合国家关于材料节约和节能减排的要求。

——广东省中山市市政机械施工有限公司董事长　江国强

市政道路车流量非常大，塞车现象严重，如果占道施工或封闭施工，后果可想而知。而传统的施工方式需要的辅助设备多，施工时间长，对交通造成很大影响，难以满足要求。用英达公司的“修路王”，在路上占据的空间很小，施工速度快，不扰民，不影响交通，即使在市中心流量大的路段也不用担心堵车，很适合在城市里用。引进“修路王”，道路养护机械化水平提高了，养护效率也提高了，节省了人力，降低了养护成本，这是今后道路养护的发展方向。

——西安经诚道路建设有限公司总经理　张宏伟

全国各地的使用案例充分证明“修路王”具备高效的应急抢修能力、优质的热料供应能力、设备转场灵活机动、常见路病全能治理以及节约环保等众多优点，值得推广！

——广东能达高等级公路维护有限公司养护中心经理　陈链宾

英达公司“修路王”具有使用便捷、质量稳定等特点。我单位采购此设备后极大地推动了道路应急抢修，尤其是冬季路面抢修工作，为保障道路畅通提供了保证。本书中很多实例非常具有代表性，可以为设备使用单位提供可借鉴的经验，值得推荐！

——无锡市市政设施建设工程有限公司副总经理　王永友

此书中，通过“修路王”修复城市景区道路、协助争创文明城市等案例，强有力地证明了该设备在节能、环保以及资源节约方面的突出优势，证明了“修路王”是一款经济效益与社会效益并举的优质道路养护设备。

——宜兴龙背山园林建设有限公司书记　吕中平

和高速公路养护相比，我公司负责管理的干线公路的养护压力更大。

作为新型综合性养护设备，英达公司“修路王”实现了路病全天候、快速修复，修复后的路面质量大大优于传统工艺，真正实现了对原路面材料的100%利用，节省了养护过程中的材料成本，提升了养护质量。养护质量的提高减少了道路全寿命周期内的养护次数，延长了道路的使用寿命。选择这样的养护设备效果很不错。

——东方控股东扬公路管理工区主任　边永祥

英达PM220“修路王”机动灵活，自2008年购置后对我们的帮助很大。对于管养路段特别长的地方，有时候一天需要来回奔波十几公里甚至上百公里，如果设备机动性不能满足要求，往往很难完成养护任务。英达“修路王”很好地解决了这一问题，设备操作也很简便，日常维修保养我们自己都可以做。

在自己负责的道路养护任务完成之后，我们还将设备出租，业务量增加了不少。

——安徽阜阳市公路管理局机械厂厂长　梁金虎

我认为，英达公司的设备有两个突出优势——施工快捷高效、售后服务及时完善。

作为国内热再生养护设备市场占有率最高的企业，英达公司在产品应用方面为客户提供了全面的应用培训和技术咨询，让每一个购买“修路王”和其他产品的企业真正享受到VIP级服务。

——广东省中山市市政机械施工有限公司设备管理部经理　刘智峰

应急抢修

与快速修复

雨后应急抢修，英达“修路王”管用

无锡市滨湖区市政养护管理处科长　张晓平

道路在下雨天特别容易产生坑槽等路病，如果采用传统手段施工，效率低，而且雨后施工存在供料问题，根本无法满足应急抢修要求。

环湖路是无锡市区最为繁忙的道路之一，连接了鼋头渚、蠡园等众多旅游景点，交通地位高、车流量大，上级领导提出了“路病不过夜”的严格要求。

英达“修路王”操作简便、工作效率高，与传统挖补、铣刨工艺相比，施工速度提高了一倍以上，这尤其对我们雨后道路应急抢修有很大帮助。

滨湖区市政养护人员正利用“修路王”对路面进行养护

2010年5月我处从英达公司引进一台PM220“修路王”，至今已使用满一年，我们的使用经验算不得丰富，但这一年来我们每天都在坚持使用这台设备（雨雪天气除外），也总结出不少心得体会。

“修路王”可以根据外界温度和路面具体情况来调整加热温度和加热时间，这是它注重细节服务的体现。SMA路面熔点高，对加热的要求也高，我们在施工中会进行适当调整，以保证温度达到施工要求。另外，我们还会根据道路建造年限来设计乳化沥青添加量，对老旧路面，我们添加更多乳化沥青来补充。

英达“修路王”操作简便、工作效率高，与传统挖补、铣刨工艺相比，施工速度提高了一倍以上，这对我们雨后道路应急抢修有很大帮助。现在我们在日常养护工作中可以做到“发现路病，随修随走”。

下雨天在雨水的侵蚀下，道路很容易出现坑槽、裂缝等各种路病，每逢下雨过后，不少路段需要进行抢修，这对我们道路养护部门来说是一种考验。

环湖路是无锡市区最为繁忙的道路之一，连接了鼋头渚、蠡园等众多旅游景点，交通地位高、车流量大，上级领导提出了“路病不过夜”的严格要求。

英达“修路王”给我们道路养护人员增加了工作动力。它自带恒温保温料仓，只要平时在料仓中储备一些冷料块，需要时提前放入料仓加热，就能提供施工所需的热料了。“修路王”采用的是加热、翻松路面、喷洒乳化沥青、添加新料然后压实的施工工序，过程简洁，施工效率较传统工艺大大提高，通常修复一处路病还要不到半个小时，非常适合用于应急抢修任务。

PM220“修路王”已成为滨湖市政道路养护的好帮手

英达“修路王”，方便灵活的城市道路应急抢修“能手”

浙江省温州市市政工程建设开发公司经理　刘劭

我公司承担了温州市区68条城市道路的日常养护工作，加强应急抢修能力至关重要。

“修路王”十几分钟就能完成一处路病修复，效率比传统工艺提高了好几倍。

“修路王”机动灵活，完成一处路病修复后能迅速转场至另一处病害路面，比传统工艺更加方便、灵活。

浙江省温州市市政工程建设开发公司承担了整个温州市区68条城市道路的养护工作，养护压力很大。

2002年，公司购进了一台英达PM400“修路王”，并成立了专门的机械化养护队伍。谈到“修路王”的功效，方便和灵活是它最大的特点。

使用英达“修路王”进行路病修复，施工速度快，修复单个路病最快只要十几分钟，相比传统施工方式几个小时才能完成一处路病修复，效率提高了好几倍。当“修路王”完成一处路病修复后，可以立刻转场到下一处路病发生的地点。转场迅速，也是其灵活性的又一个体现。这主要是因为英达“修路王”是一台综合性养护设备，使用单台设备就能够实现对路病的修复，基本不需要其他的辅助设备。而传统工艺则需要好几台设备相互配合，体积庞大，转场笨重。

转场迅速，施工快捷，使英达“修路王”成了道路应急抢修的“主力军”。

温州地处东南沿海地区，属亚热带季风气候，夏天多雨、潮湿，路面很容易出现损害，主要靠“修路王”完成抢修任务。

2011年6月，随着“防汛”准备阶段的到来，温州市区的各条主干道交通压力日益增长，车流量大，给养护工作带来困难。

面对这种情况，“修路王”充分发挥了灵活、高效的优势，一旦有路病出现，“修路王”就能以最快的速度修好，并且质量不打折扣。它采用的是先进的英达就地热再生养护技术，能够将再生路面与原路面之间形成良好的“无缝黏结”效果，不但可以防止水损害发生，而且能提高修复后路面抗剪强度。使用英达“修路王”这么多年，我们明显能够感觉到，以往对同一处路面损害反复维修的情况再也没有出现了。

无论是道路的日常养护施工还是应急抢修，都少不了“修路王”。

“修路王”能够快速修复路病

英达“修路王”，优质、高效的路病修补能手

甘肃省兰州公路总段设备管理员　刘斌祖

高速公路上较深的坑槽需要分层修补，如果采用传统工艺进行施工，施工后会存在弱接缝、弱界面，遇到下雨天，雨水下渗又会再次引发路病。“修路王”有效解决了这一难题，施工后路面彻底消除了弱接缝、弱界面，路面抗剪强度大大提高，路病复发几率降低。

“修路王”治理坑槽既迅速又方便，一个3平方米的坑槽，半个小时左右就可以修复了。

2010年4月14日，青海玉树发生7.1级强烈地震，兰海高速公路是甘肃进入青海玉树的主要陆路通道，为了确保从甘肃过来的救援物资和救援人员能够及时进入灾区，兰海高速公路的道路养护工作必须及时、到位。PM400“修路王”轻巧的装备、实用的功能、迅速的转场，为兰海高速公路的高效养护提供了很大帮助。

兰州公路总段负责兰州周边400多公里高速公路的养护工作。

黄土高原土质松软，公路路基偏软，在下雨等灾害性天气的影响下，很容易出现塌陷、坑槽等“病害”。高速公路养护有别于普通公路养护，它对养护质量要求更高。

高速公路上较深的坑槽需要分层修补，如果采用传统工艺进行施工，施工后会存在弱接缝、弱界面，遇到下雨天，雨水下渗又会再次引发路病；同时，路面抗剪强度得不到保证，经过重型车的反复碾压，路病复发频率明显增加。而“修路王”有效解决了这一难题，通过使用“加热墙”对路病及其周边路面加热后，下承层与再生层就会紧紧地挤嵌在一起，彻底消除了弱接缝、弱界面，路面抗剪强度大大提高，路病复发概率降低。

用“修路王”治理高速上“繁星点点”的大坑小坑十分迅速：一个3平方米的坑槽，通过加热墙进行有效加热后，再耙松路面，接着添加适当新沥青混合料，经过小型手扶式振动压路机的压实、整平，只要半小时，路面就可以恢复平整，像新修的一样。

2010年4月14日，青海玉树地区发生7.1级强烈地震，兰海高速公路是甘肃进入青海玉树的主要陆路通道，为了确保从甘肃过来的救援物资和救援人员能够及时进入灾区，当务之急就是及时修护道路，尽一切可能以最快的速度排除行车安全隐患。PM400“修路王”轻巧的装备、实用的功能、

迅速的转场，为兰海高速公路的高效养护提供了很大帮助。

我们兰州公路总段有两台公路养护车，除了英达“修路王”，还有一台从广东佛山某厂家购买的公路养护设备。两台设备最大的区别在于英达“修路王”的料仓不仅具有加热的功能，还有热料保温的功能，而广东生产的那台养护车则不具备热料保温的功能。这在冬季施工中尤为重要。英达“修路王”的自动加热恒温料仓不仅能在冬季对沥青混合料进行有效加热和保温，也能在任何时候都确保沥青混合料的温度达到施工所需的温度。

哪里有“病害”，哪里就有我们公路养护人员和英达“修路王”！

用“修路王”修复后路面没有弱接缝、弱界面，抗剪强度大大提高

英达“修路王”修复坑槽又快又好

重庆铁发遂渝高速公路有限公司施工班长　廖和中

由于车流量大，加上受当地潮湿多阴、雨量充沛的气候影响，重庆遂渝高速公路是一条“发病率”高、“病情”严重的道路。

2011年春节前夕，云雾山隧道（遂渝高速最长的隧道）出现了两处因雨水下渗引起的严重坑槽路病，深度超过10厘米，我和“修路王”紧急出动赶赴路病地点进行修复，包括处理基层在内，修复每个坑槽花费的时间还不到一个小时，又快又好地完成了此次养护任务。

重庆遂渝高速公路于2007年12月29日建成通车，这条高速公路与成南高速公路相连，是从重庆到成都最短的路线，而且上下坡路段少，很多原本从成渝高速公路过往的重载、超载车辆纷纷涌上这条“近道”。通车后不久，遂渝高速公路就出现了大量坑槽、裂缝、车辙等路病。

遂渝高速公路路病“发病率”高和当地的气候特点及地理条件也不无关系。潮湿多阴、雨量充沛是当地重要的气候特点，丰富的雨水容易造成路面因水损害而产生坑槽、裂缝等路病；再加上遂渝高速公路沿线多丘陵，山坡的水分无法及时排干，顺着山坡容易下渗到路基，对道路基层产生严重危害。

我们就是负责这条“发病率”高、“病情”严重道路的日常养护工作的。这些年来，在英达PM380“修路王”的协助下，我们实现了在遂渝高速公路的日常养护中做到又快又好。

廖和中与PM380“修路王”

“快”是指施工速度快。英达PM380“修路王”采用加热后耙松路面的施工方式，无需切割、铣刨路面，效率更高；PM380配备的快速加热滚筒料仓，半小时可提供500千克以上优质热料，使我们的施工不再受拌和场位置限制。

“好”是指施工质量好。以英达强大的间歇式热辐射加热技术为基础，修复后的路面与原路面可以热黏结成一个整体，增强整体抗水损害能力与抗车辙能力，延缓路病复发周期，特别适合在我们这种气候湿润的地区使用。

2011年春节前夕，我们就用“修路王”完成了一次快速、高质量的抢修任务。当时，云雾山隧道（遂渝高速最长的隧道）出现了两处因雨水下渗引起的严重坑槽路病，深度超过10厘米，严重影响了过往车辆的行车安全。为了使道路以最佳状态应对春运，我和“修路王”紧急出动赶赴路病地点进行修复，将路面充分加热后开挖至基层位置，并对基层进行预处理，然后恢复面层，包括处理基层在内，修复每个坑槽花费的时间还不到一个小时，又快又好地完成了此次养护任务。

廖和中（右一）正在向前来考察的客户讲解“修路王”的功能和优点

用英达“修路王”修路，一个字——“快”

广东省中山市市政设施管理处队长　林伟权

市政道路如果出现严重路病，对行车安全会造成很大影响。这就对路病修复速度提出了很高要求，“修路王”完全能满足这一要求。

龟裂现象是中山市道路普遍存在的问题，有些地方龟裂面积达到了几十平方米。用“修路王”对付龟裂，真是“又快又好”。一处50平方米的龟裂路病用“修路王”修补，只需要两个小时。

林伟权

我和我的PM400“修路王”共同承担了中山市市区内道路的养护工作。

我使用“修路王”已经有五年了，说到“修路王”最大的优点，那就是“快”！

广东雨水充沛，雨水经常冲刷容易让沥青路面石料变得松散、跑料，久而久之形成很多坑槽、龟裂。龟裂路病，这是中山市道路目前普遍存在的问题，有些地方龟裂面积达到几十平方米。用“修路王”对付龟裂，真是又快又好。一处50平方米的龟裂路病用“修路王”修补，只需要两个小时。

在修补中，通过“修路王”加热墙可对路面进行间歇性热辐射加热，在瞬间产生强大的热辐射能，又能在瞬间降至常温，充分软化沥青混合料，然后再用疏松耙耙松路面，不再需要人工铲除病害路面，节省了人力。

市政道路如果出现严重路病，对行车安全会造成很大影响。有一次，中山市主干道某处路面下沉达几十厘米，车辆行驶到该处时很可能会引起侧翻。对于这样的路病，必须立即进行修复。但是修市政道路，经常会遇到市民不理解而引发抱怨，我们唯一能做的就是尽量缩短修补时间，减少对市民生活的干扰。

以前我也操作过压路机，很了解传统道路养护的施工方式。传统道路养护基本都是先铣刨或挖除原路面，填入新料，然后摊铺、压实。这不仅需要动用很多设备，遇到天气不好的时候，封锁道路长达十天半个月也是常有的事情。现在用“修路王”，一台简单的设备就可以轻松搞定整个路面修复，既方便又快捷。对一些人流量大的路段可以在晚上进行修护，不用封锁道路。

PM400“修路王”的优点还有很多。以前我们曾经使用过微波加热的料仓，一方面达不到加热所需的温度，摊铺出来的效果不理想，另一方面，微波本身对人体有辐射，会影响长期作业人员的身体健康。“修路王”的自动加热恒温料仓，可以均匀地对沥青混合料进行加热保温，保证出料的质量，同时没有辐射，不会危害工人健康。

另外，“修路王”还可以在寒冷的冬季施工，虽然对路面加热的时间较其他季节略长，但加热过程中几乎没有烟产生，施工质量和其他季节相比也无任何差别。

由于我曾经有过一些修车经验，对车的机械性能学习能力很强，自从操作PM400“修路王”以后，把“修路王”的优势完全发挥了出来，大大提高了工作效率。为此，我多次获得优秀员工奖，现在我和“修路王”已经成了完美搭档。

道路抢修全靠它，我的好“安达”——英达PM500

内蒙古东方路桥集团股份有限公司操作手　许子义（蒙古族）

内蒙古的路病主要集中在煤炭运输线上，如果不及时修复，将影响煤炭运输，对地方经济造成影响。

内蒙古的冬季漫长，雨季也不适合做道路养护。因此，全年的道路养护工作主要集中在4月和5月，养护施工的时间短，对施工效率和施工质量的要求很高。

内蒙古地区的路病比较分散。英达“修路王”具有效率高、质量好等优势，半小时就能完成一处十几平方米路病的修补。英达PM500配备的滚筒式加热料仓可在半小时内提供3吨热料，满足了远距离修路的要求。

许子义

我是内蒙古第一批接受英达PM500“修路王”操作培训并一直跟随这台英达“修路王”到现在的操作手。

我曾经是一名驾驶员，只会开车，对使用公路养护设备可以说是一窍不通。2010年8月，我所在的东方路桥公司购买了一台英达PM500“修路王”，我和另外两个同事被选拔出来接受培训。起初我还很犹豫，因为我看到养护组总是组织很多人开着各种设备出去修路，早出晚归，真不知道自己能否胜任这项工作，那时觉得还是单纯做驾驶员比较好。

接触了这台“修路王”后，我内心的想法产生了变化——“修路王”并没有我想象得那样难以驾驭。首先是设备操作简单，整台设备主要通过电脑程序控制。在经过英达培训中心工作人员的讲解和帮助之后，我很快掌握了这台设备的操作流程。现在我可以自信满满地说，在整个东方路桥公司使用英达PM500的操作手当中，我算是数一数二的“老手”了。

内蒙古的路病主要集中在煤炭运输线上，这条线车流量大，重载、超载车辆多，导致路面出现了大量的壅包、坑槽、车辙、龟裂和网裂。路病主要集中在冬季和夏季发作。内蒙古的冬季气候寒冷且持续时间较长，不利于施工，6月又将迎来雨季，因此，我们的道路养护工作主要集中在4月和5月。如果这段时间没有对道路进行及时有效地养护，在夏季高温暴晒和雨水冲刷的双重作用下，路病集中爆发将影响煤炭外运道路的通畅。这段时间可以说是争分夺秒做养护，而此时英达“修路王”效率高、质量好的优势就充分地展现出来了，它半小时就能完成一处十几平方米路病的修补，堪称“神速”。

我负责养护的包府公路是鄂尔多斯重要的运煤通道。重载车、超载车多，有的载货汽车载货量达到100多吨，一旦发生交通事故，将会影响整条运煤线的正常运转。2007年，这里出过一次较大的交通事故，驾驶员为了躲避路面的一个坑槽，导致所驾的装满浓盐酸的罐车翻车，大量盐酸泄漏，十几个小时无法通车。因此，道路的快速抢修极其重要。

此外，英达PM500配备的滚筒式加热料仓也可满足远距离修路的要求。内蒙古地广人稀，运煤通道与市区相隔非常远，我们每天要驱车70多公里到自己负责养护的路段巡查，来回就是140多公里。而道路上的坑槽也相隔较远，这时滚筒式加热料仓就显得特别实用，半小时就可以提供3吨热料，外出作业时，我们会带6吨冷料，需要的时候就用滚筒式料仓进行加热，足够完成一天的修补工作。如果换成传统的修路方式，热料在途中就冷却，往往几天才能补上一个坑。

如今，我每天都会对自己负责的路段进行巡查，只要出现路病，就立刻进行修补，不用封路，修好即走。

这一切都要归功于我的这位好“安达”——英达PM500“修路王”！

PM500“修路王”在鄂尔多斯展示大面积路面修复能力

应急抢修，英达“修路王”帮了不少忙

福建漳州三顺公司漳诏项目部操作手　黄寿贵

漳诏高速公路是福建省交通最繁忙的路段之一。每年冷热交替的时候，坑槽路病就会集中爆发。

“修路王”一体化设计、投入人力少、不干扰交通，经常应用于突发性抢修中，十几平方米的路病在半小时左右就能修好。

2007年，“修路王”在对重型车侧翻事故路面进行抢修时，修复近百平方米的路面仅用了2.5个小时。

黄寿贵

漳诏高速公路是国家沿海大通道同江至三亚国道主干线的重要组成部分，也是福建省交通最繁忙的路段之一。我负责漳诏高速公路的日常养护工作，养护任务和责任比较重。

自漳诏高速公路建成通车后，我就在养护这条路，就像呵护自己孩子一样呵护它，这七八年的时间里，多亏了我的“得力助手”——英达PM400“修路王”。

在2003年漳诏高速公路刚通车时，路病数量少，以小坑槽居多。随着道路使用年限的增加，公路老化现象也日益严重。闽南地区夏天多雨水，易产生水损害。每年一到冷热交替的时候，坑槽路病就会集中爆发。养护高峰的时候，113公里的养护路段，我一天至少要工作9个小时，养护压力与工作强度可想而知。

面对这么重的养护任务，如果用传统方法修路，需要出动切割机、液压镐、运料车、压路机等多种设备，还需要封路，既浪费时间又影响交通。另外，采用传统方式施工还需要投入大量工作人员，无论是人力还是物力，投入都是相当大的。

“修路王”一台小小的设备相当于传统修路必备机器的总和，是先进的“一体化”养路设备。修路的时候只占据一条车道，不用封路；遇到路病分散的情况，转场也方便。我们班组6个人，一台“修路王”加上一台料车就可以展开工作，发现路病，随时上路，就地加热、耙松、添加新料再压实，十几平方米的路病只需要半小时就能修好。

2006年至2007年间，来往漳诏高速公路的重型车增多，交通事故增加，我们的抢修任务随之加重。2007年发生了一起重型车侧翻的事故，事后我们“修路王”小组负责对事故路面进行抢修。近百平方米的路面，从加热到最后的摊铺、压实仅用了2.5个小时。

在这次抢修中，PM400的疏松耙起了关键作用，在加热好的路面上使用疏松耙进行耙松又快又方便，最多10分钟就完成了路面耙松。

想到应急抢修的那些经历，真是多亏了 “修路王”的帮忙！

PM400“修路王”处理大面积路病得心应手

夜间抢修能手——英达“修路王”

广东省京珠北高速操作手　唐吉顺

京珠北高速公路绕行于崇山峻岭之中，地质地形复杂，气候恶劣，其中南行的一段是国家研究确定的全国29处公路危险路段之一。路病就是险情，这样的公路上出现路病，必须及时修复。“修路王”满足了应急抢修的要求。

对于突发性抢修，尤其是夜间抢修，拌和厂不一定能提供热的沥青混合料，有了“修路王”的加热恒温料仓，热料供应的问题就可以迎刃而解。

唐吉顺驾驶着“修路王”整装待发

京珠北高速公路北接京珠高速公路湖南耒宜段，途经乐昌、乳源、曲江、韶关，全线109.9公里。它绕行于粤北崇山峻岭之中，地质地形复杂，加上该地区气候恶劣，常年多雨、多雾，修建时曾被专家称为“中国最具挑战性的公路项目”。

2003年10月，公安部、交通部和国家安监总局曾研究确定了全国29处公路危险路段，其中包括京珠北高速公路南行的一段。在红云镇及大桥镇地段，有一条长长的陡坡从山中蜿蜒而过，在下坡的同时山势走向也发生变化，弯多弯急，给过往车辆尤其是大货车造成严重交通安全隐患，是重大事故频发的路段。

对于养护“魔鬼公路”的人来说，频繁的连夜抢修已是“家常便饭”。

有一年，广东遭遇水灾，道路坑槽病害集中爆发，在长下坡路段出现了一个大坑槽，车辆高速驶过，危险性非常大。那段时间我们几乎处于全天无休的状态，每天都在加班加点修补路病，这时，“修路王”的料仓起到了重要作用。

对于突发性抢修，尤其是夜间抢修，拌和厂不一定能提供热沥青混合料，有了“修路王”的加热恒温料仓，热料供应的问题就可以迎刃而解。它自带的拥有国家专利技术的沥青混合料自动加热恒温料仓，因为有多组热辐射加热器对沥青混合料由内而外同时均匀加热，即使夜间拌和厂关门也不用担心没有热料了。同时，“修路王”料仓加热出来的沥青混合料均匀性非常好，这大大提高了路面摊铺质量。

京珠北高速公路上超载的载货汽车特别多，有些拉煤车甚至负载七八十吨，造成有些路段深度下沉。曾经有一处下沉达40厘米的路病，由于已经破坏到路面基层，我们只能选择先挖除再修复。如果采用传统方式修复，需要动用洗刨机、运料车、压路机等多台大型设备封路施工，但用“修路王”，只需要用加热墙加热、疏松耙耙松后，便可人工对原路面进行修补，整个修路过程只用了6个小时。

一台设备，几个小时就能修补这样复杂的路病，我认为英达“修路王”值得推广。

“修路王”在夜间对城市道路进行抢修

应急抢修，用“修路王”准没错

江苏省南通市公路应急处置中心操作手　龚元辉

南通市公路应急处置中心负责全市范围内干线公路各类突发事件的处理、应急道路抢修以及各类公路重大事故应急救援等工作。

在道路抢修方面，“修路王”的优势非常明显，它单车作业，一台车综合了加热墙、疏松耙、恒温料仓、小型压路机等设备，处理路面问题更便捷。

2010年，南通市通州区部分市政道路“白改黑”，但新建后的道路存在部分瑕疵与缺陷，当时仅用一台PM250“修路王”就完成了近两千平方米新建路面的缺陷修补工作。

龚元辉

2010年，我被调到南通市公路应急处置中心工作。在这里，我的主要任务就是负责全市范围内干线公路各类突发事件的处理、应急道路抢修以及各类公路重大事故应急救援等工作，确保公路的畅通无阻。

无论是夏季暴雨、洪灾，还是冬季道路冰冻、积雪对道路造成损害，只要需要应急处理我们都在第一时间出动。在道路抢修方面，“修路王”的优势非常明显，它单车作业，一台车综合了加热墙、疏松耙、恒温料仓、小型压路机等设备，处理路面问题更便捷。

我们在闲暇时，还会帮助其他养护部门处理些简单的路病。在没有使用“修路王”以前，我们采用传统工艺，先将沥青混合料从拌和厂拉出来再摊铺。由于修补的路段不固定，有些路段距离拌和厂较远，沥青混合料温度下降就无法完成摊铺。“修路王”的自动加热恒温料仓解决了这个问题，它可以在行驶过程和施工过程中对沥青混合料进行加热并保温，确保任何时候都能供应上热沥青混合料。

2010年，南通市通州区部分市政道路“白改黑”，但新建后的道路存在部分瑕疵与缺陷，当时仅用一台PM250“修路王”就完成了近两千平方米新建路面的缺陷修补工作。

坑槽是225省道最常见的路病，当我们接下这里的坑槽修补任务时，道路管理部门对这种高科技公路养护车并不信任，仅仅抱着让我们“试验”一下的态度。我利用“修路王”的加热墙，对路病进行间歇式热辐射加热，然后耙松，再添加适当新料，整平、压实，路面就恢复平整了。只要是经过我们修补的路病，其路病复发周期明显延长。

随时待命的“修路王”能快速参与抢修，是南通市应急处置中心的一大法宝

有了“修路王”，坑槽不过夜

江苏省盐泰徐高速公路养护处　王金梁

宿淮盐高速公路和宁靖盐高速公路交通繁忙，如果日常养护时间过长，必然对交通产生干扰。

英达“修路王”操作简便，工作效率高，修复一个坑槽只需半个小时，速度比传统工艺提高了一倍以上，减少了施工对正常交通的干扰。

我是盐泰徐高速公路养护处的一名养路工人，认识英达PM400“修路王”时我刚到这里工作，那时单位刚刚引进这台设备，我和其他几位同事一起跟随技术人员学习了设备操作。尽管此前我并没有任何养护设备操作经验，但也很快就能上手。随后三年多的时间里，“修路王”陪我一起“出诊”，修补各种路病。

在日常工作中，我主要负责宿淮盐和宁靖盐两个路段的路面养护。宿淮盐高速公路全长214公里，横贯苏北腹地，是苏北经济发展的大动脉，而宁靖盐高速公路是江苏“四纵四横四连”干线公路的重要组成部分。

这两个路段的路病主要以坑槽、龟裂为主，由于南方多雨，坑槽往往集中在雨后爆发。一场大雨过后，路面坑槽达到七八十个，严重影响了路面的平整度，对行车安全造成极大威胁。因此，领导给我们下达了“坑槽不过夜”的命令。但由于这两个路段交通繁忙，如果施工时间过长将对交通形成较大干扰，因此，“坑槽不过夜”的要求对我们的确是个不小的挑战。

之前使用传统挖补工艺，添加的新料和原路面的接缝是冷结合，修补之后接缝处雨水下渗，容易造成路面再次损坏，长此以往容易产生“补丁摞补丁”的现象。同时，由于受到供料的局限，传统工艺远远满足不了“坑槽不过夜”的需求。

英达“修路王”不仅操作简便，工作效率也高，一个坑槽只需半个小时即可修复，速度比传统工艺提高了一倍以上，缩短了施工作业时间，减少了施工对正常交通的干扰。英达的层间热黏结技术也避免了雨水下渗，增强了路面的抗剪强度，提高了修复质量。它配备的恒温料仓也解决了供料问题，遇到坑槽多发的情况可以一次性修复。

2011年上半年，宿淮盐路段服务区沥青路面和水泥路面交汇处出现了大面积坑槽、壅包现象，为了以最好的面貌迎接“国检”，修复工作刻不容缓。正是由于施工效率高、转场速度快，“修路王”在应急抢修方面树立了一个好的典范。命令下达后，我们以最快的速度赶赴路病地点，从车辆、人员调度到拌和场装料，最后到问题解决，只用了不到半天的时间，就圆满地完成了领导交付的任务。

自从使用“修路王”后，单位就没有再使用其他的公路养护设备，“修路王”的“公路医生”地位没有其他设备能取代。

收费站前，“修路王”正在对路病进行抢修

使用英达“修路王”，快速、高效市民夸

江苏省南通市海安县住房建设局操作手　刘海阳

江苏省海安县地处苏中平原，雨水充沛。采用传统挖补工艺进行道路养护，施工后存在弱接缝、弱界面，给雨水提供了可乘之机，路面总是修了又坏、坏了又修。

英达“修路王”实现了对沥青路面的无缝热修补，路病修复后不易复发，还能节省材料、降低劳动强度，修补速度和效率也有了很大提升。

以城市常见的井盖周边破损路病为例，“修路王”只需半小时就可以修复一处“井盖病”。

我是南通市海安县住房建设局的一名道路养护操作手，和其他道路养护工作者一样，我每天往返于城区的各条道路上，对城区道路进行修理。但我跟其他养护工作者又有所不同，因为我有一个好帮手——从英达公司购置的PM220“修路王”。

江苏省海安县地处苏中平原，四季分明、雨水充沛，怡人的气候却没有给市政道路养护带来一丝便利。采用传统铣刨工艺进行道路养护，施工中不可避免会产生弱接缝、弱界面，给雨水提供了可乘之机。雨水下渗再加上车辆碾压，很容易对道路形成水损坏。因此，路面总是修了又坏、坏了又修。

“修路王”解决了我们的烦恼，它采用间歇式热辐射加热技术，对沥青路面进行无缝热修补，使施工后的路面和原路面牢牢地“焊”成一个整体，道路封水性能大大提高，有效避免了水损害的产生，路病修复后也不易复发。

像坑槽、裂缝等路病，我一直使用“修路王”进行修补，不仅施工质量大大提高，还能节省材料、降低劳动强度。

在城市道路维修中，还有一种常见的路病让养护人员头疼——窨井盖周边路面破损。由于窨井盖周围的回填材料无法充分压实，达不到设计要求的密实度，因此经常造成井盖及周围路面下沉或开裂，井盖周围高低不平，给车辆和行人通行造成极大安全隐患。

采用传统的修复方法，施工流程较长，修复速度慢，而且难以根治。用“修路王”修复后的路面与原路面形成一个热黏结的统一整体，实现了无缝对接，而且整个施工流程简便，修复过程仅用

了半个小时的时间。

前不久，我接到局里的紧急通知，要对平桥路上十几个高低不平的窨井盖进行应急抢修。接到通知的第一时间，我跟“修路王”立即赶到现场，仅用一天的时间就将大部分窨井盖修补好了。快速高效的施工速度、方便简单的操作方式，也让周围一些围观的市民不禁拍手称赞。

在市政道路的养护工作中，PM220“修路王”充分展示出快捷、高效的特点

英达“修路王”，应急抢修好帮手

江苏宁沪高速公路有限公司操作手　顾冬生

宁沪高速公路是上海地区与苏南各城市往来的重要通道，养护这条“交通大动脉”的任务既光荣又艰巨，上级领导对我们提出了“路病不过夜，当天发现的路病必须当天完成修补”的要求。

传统施工修复一处路病差不多要花上四五个小时，一天修两三处路病就累得够呛了，而且供料问题常常无法得到解决。

顾冬生与PM500“修路王”

英达PM500“修路王”是英达公司最新一代的产品，速度快、施工质量优，配备的滚筒式料仓，能够在半个小时内提供3吨优质热料，在应对一些突发情况的应急抢修任务中特别管用，满足了“当天路病当天修”的要求。

从事高速公路日常养护的人都知道，高速公路的养护任务异常繁重，相比而言，交通繁忙的宁沪高速公路苏州段养护压力较其他地方更大。

宁沪高速公路是上海地区与苏南各城市往来的重要通道，是长三角区域经济发展的命脉之一，日通车近10万辆次，在车辆荷载作用下，路病发病率较高，每年都需要修复大量坑槽、路面沉降及车辆事故所导致的路面烧伤等问题。为了确保宁沪高速公路的行车质量，上级领导对我们提出了严格的要求——“路病不过夜，当天发现的路病必须当天完成修补”，这对我们提出了一个很大的考验。

传统施工修复一处路病差不多就要花上四五个小时，一天修两三处路病就累得够呛了，而且供料问题常常无法得到解决。施工中需要添加的新料完全依赖拌和场，运输新料耗费的时间很长，想要及时“查漏补缺”非常困难，冬天拌和场一关闭就无法施工了。

现在这些问题都得到了有效的解决。我们从英达公司引进了两台“修路王”——PM400和PM500，它们都能够独立承担起路病抢修的重任，而且施工速度特别快，一般的路病半个小时内就能搞定。

英达PM500“修路王”是英达公司最新一代的产品，速度快、施工质量优，配备的滚筒式料仓，能够在半个小时内提供3吨优质热料，即使在行驶和施工时，料仓也能同时工作。我们只要在平时储备一些冷料块备用，在应对一些突发情况的应急抢修任务中特别管用，再也不会出现因为缺料而无法及时修补的现象，满足了“当天路病当天修”的要求。

2010年6月，在我们所管辖的路段出现一处约20平方米的坑槽，为了确保通行车辆的行车安全，我们要以最快的速度修复路病。我和PM500承担了抢修的重任，从接到指令到完成任务总共只花了40分钟，因效率高、修复质量好得到了领导的表扬。

现在，我和PM500“修路王”经常被派去进行应急抢修，就拿2011年来说，光处理路面意外烧伤事故就已经有十几起了。

顾冬生（左三）和宁沪高速苏州管理处“修路王”班组

两小时修复12个窨井盖，英达“修路王”神了

南京市市政工程管理处道桥管理所操作手　崔春华

有了“修路王”，白天就能进行道路抢修，也无需封锁道路，因道路修补引起的交通堵塞现象大大减少。

我们用“修路王”治理最多的是井盖周围的碎裂、沉陷和沟槽，一个3平方米左右的井盖路病，我们两三个人用“修路王”最快20分钟就修好了。以前没用“修路王”时，修一个井盖要十多个人、五六台设备，两小时才能修完。

2010年8月份，在扬州的一次演示中，我们通过合理统筹安排，创造了两小时修复12个问题井盖的业内奇迹。

2007年9月，我来到南京道桥所工作，直至现在，一直负责操作“修路王”。我们单位一共有两台英达“修路王”，一台PM180和一台PM220。刚购入的时候，英达公司专门派了培训人员对我们进行手把手教学，他们热情周到有耐心，一直教到我们能熟练操作为止，让我们非常感动。

我们用“修路王”治理的最多的是井盖周围的碎裂、沉陷和沟槽，一个3平方米左右的井盖路病，我们两三个人用“修路王”最快20分钟就修好了。以前没用“修路王”的时候，修一个井盖要十多个人、五六台设备，两小时才能修完。这两种工艺的工作效率一对比，差异太明显了，“修路王”的修复速度可以称得上为

崔春华

“神速”。

我们的主要工作内容是养护南京城区最重要的主干道“三中路”（中山南路、中山路、中央路）。这几条路交通十分繁忙，以往没有“修路王”的时候，施工时总要开至少四五台设备过去，现场必须封锁交通。根据政府的规定，这些设备只能晚上10点以后进场，因此施工只能在晚上，即便如此，也常常造成交通拥堵。现在有了“修路王”，白天就能进行道路抢修，也不需要封锁道路，因道路修补引起的交通堵塞现象大大减少。

2009年5月，我们应淮安市政邀请，用“修路王”进行了沟槽修复的演示。在淮海西路青浦高级中学门口，有一条长40米、宽50厘米、最深处达15厘米左右的沟槽，行人和来往车辆路过都必须小心避让，否则就会发生危险，给交通安全埋下了极大的隐患。我们运用PM220“修路王”进行现场抢修，将加热墙的一区和三区展开作业，仅用不到3小时的时间，就使道路恢复了平坦。修复后的路面没有弱界面和弱接缝，和周围路面牢牢“焊”成了一个整体。这样令人叹为观止的施工速度和完美的施工质量给在场市领导和市民们留下了深刻印象，许多市民看后都竖起了大拇指。

2010年8月，我们又接到了扬州市政部门的邀请，演示“修路王”对窨井盖周边路面破损治理效果。当时瘦西湖外的文昌西路路口共有20多个井盖，英达“修路王”再次展示了它与众不同的快速修补能力。凌晨5点多钟，我们驾驶着“修路王”来到施工现场，当时正值夏天，气温高、路面干燥，非常有利于发挥加热墙的威力，一处井盖七八分钟就能加热好，然后我们就立刻操作“修路王”加热下一处井盖。同时，扬州市政的同行则负责耙松路面、喷洒再生剂、压实路面等后续工作。通过统筹安排，我们的工作效率比平时提高近一倍，两个小时左右修复了12个井盖，施工速度创下了一项新的纪录。

在扬州半个月演示期内，我们用“修路王”完成了扬州老城区泰州路、盐阜东路、盐阜西路、文昌中路和汶河路等大部分路面的养护工作。

除此之外，在机场高速和河西庐山路上，我们多次用“修路王”给来自常州、上海、徐州、连云港等地的市政同行进行现场操作演示，都得到了同行的肯定和赞许。

使用“修路王”的5年时间内，我们的工作得到了领导和有关部门的认可。2009年，南京市市长季建业曾亲临中山东路道路出新施工现场指导工作，对“修路王”的养护能力和我们的工作给予高度肯定。南京市公用事业局、市管处、综合办、综管办等单位领导也多次莅临现场观摩指导。我们的养护工作效率在“修路王”的帮助下提高很快，多次在南京市公路养护比赛中取得第一名。

“修路王”的使用为我们解决了不少难题，节省了大量人力物力，有了它，我们的平均工作效率提高了一倍以上，每年能节约用料几十吨，大大节省了养护成本，这是其他养护办法无法取代的。“修路王”真正做到了增效减排、节约能源，是现代道路养护设备中的“佼佼者”。

节省人力物力

英达“修路王”快速出动，不再为城郊结合部路病发愁了

江苏镇江市市政设施管理处设备科科长　齐兴进

城郊结合部位置较为偏远，路况差、养护任务重、路病分散。采用传统工艺治理城郊结合部路病，投入的设备多、人员多，效率低下。英达“修路王”修路机动灵活，一台车就能独立修复路病，到了就修，修完就走，十分便捷。

镇江争创“文明城市”时，“修路王”作出了积极贡献。

齐兴进与整装待发的PM180“修路王”

镇江市市政设施管理处是负责镇江市区所有道路管养的部门，对养护的速度及效率要求非常高。

我们在使用“修路王”的过程中发现，“修路王”行动速度非常快，施工效率又很高，非常适合我们执行一些紧急的养护任务，尤其是对一些较为偏远的城郊结合部道路进行修复。

城郊结合部位置较为偏远，而且较市中心而言路况较差，养护任务重，路病又分散，这种情况下，如果仅靠传统的道路养护方式必定应接不暇。传统工艺施工时，需要出动多台设备、多名工人，行动迟缓，多数情况下时间就被白白浪费在途中。但用上“修路王”以后，这种情况就得到了明显改观，一台车几名工人就可以施工，到了就修，修完就走，十分便捷，而且修复后的路面质量也很优异。

以镇江市农贸市场周边道路来说，过往车辆、人员多而杂，路病频发，是一直困扰我们的难题。过去采用传统工艺很难将这一地段修复得令人满意，但自从我们配备了英达PM180“修路王”

以后，问题立刻得到妥善解决。一旦出现路病，我们就立马出动“修路王”，总能又快又好地完成任务。

除此以外，“修路王”快速、高效的优点在一些重大活动前的应急抢修方面显得特别突出。镇江近年来一直在争创全国文明城市、全国卫生城市和全国环保城市，上级领导的临时性检查很多。这种情况下，我们全靠“修路王”紧急出动，去完成一些应急抢修任务。可以说，“修路王”在我市的创建活动中作出了积极贡献。

这几年，镇江市区的很多道路都进行过改造或整体翻新，市政道路路况相对比较理想，养护的任务较轻，但再经过五年或更长时间的使用，这些道路出现路病的频率就会更高，到那时，我相信行动速度快、施工效率高、修复质量好的英达“修路王”将会发挥出更大的作用。

在镇江，处理路面紧急抢修任务，“修路王”已经不可或缺

有了英达“修路王”，不再坐等“小病变大病”

重庆市江北区市政设施管理所科长　贾迪斐

日常养护中所遇到的路病通常比较分散，对于一些面积较小的路病，如果采用传统工艺修复，需要从拌和场运来一车热料，用不完的料就只能白白地浪费掉，养护成本大大增加。因此，过去我们只能坐等小路病发展成大路病，然后再集中进行处理。有了“修路王”以后，这种情况得以改观。

“修路王”最大的特点在于修复路病的及时性，这是传统工艺根本无法比拟的。

在引进“修路王”以前，我们采用传统工艺进行日常养护施工，大多数路病无法得到及时修补。日常养护中所遇到的路病比较分散，对于一些面积较小的路病，如果专门去修复，需要从拌和场运来一车热料，用不完的料就只能白白地浪费掉，养护成本大大增加。因此，过去我们只能坐等小路病发展成大路病，然后再集中进行处理。

即使是一些小路病，如果不及时修复也会存在较大的安全隐患。重庆的北滨路是重庆市比较繁华的地段之一，过往车辆较多，往来车辆行驶速度又较快，在这里一些看上去极小的坑槽也有可能引发车祸，因此，一直以来，我们都在寻找一种快速、及时、经济、有效的日常养护方式。

有了“修路王”之后，只要发现路病，就可以及时修补

这种情况直到我们引进英达“修路

王”才得到彻底改变，用“修路王”完全可以实现“一发现路病就去修补”。

自2010年从英达公司引进一台PM220“修路王”以来，我们一直使用这台设备进行日常养护，基本上每天都需要工作七八个小时，最多的时候每天能修复一百多平方米，“修路王”一直是满负荷运作。

“修路王”修复路病的效果非常出色，市政道路常见坑槽、裂缝以及窨井盖周边路面沉陷等问题，我们都是使用“修路王”去处理。使用“修路王”以来，我觉得它最大的特点在于修复路病的及时性，一旦发现路病就能够第一时间完成修补，这是传统工艺根本无法比拟的。

“修路王”是我见过的功能最齐全的道路养护设备，不仅配备有压路机，还自带加热保温料仓，能够储存热料，也能将冷料加热成热料后直接使用。“修路王”自带的加热墙能够对路面进行充分加热，加热后很轻松地就可以耙松路面，再无需像过去那样切割、破碎了。

现在，我们只要一台“修路王”再配备两名工人就足以对付各种路病。有了英达“修路王”，我们再也不需要坐等“小病变成大病”了。

“修路王”能够轻松应对大面积路病

有了英达“修路王”，过去五天干的活两天就能搞定

湖北省十堰市畅美公路养护中心副经理　刘伟

传统施工治理路病时，需切割路面、现场架锅炒料，扬尘漫天、浓烟滚滚、噪声很大，因此，肺病、耳鸣成为这一行从业人员的“职业病”。英达“修路王”不需切割路面，自带加热保温料仓保证了及时供料，使传统施工带来的弊病彻底得到解决。

“修路王”对道路中修也能提供帮助，道路大中修后出现的“花脸”现象，用“修路王”可以轻松修复。

采取传统工艺修路的时候，每天最多只能修40多平方米，现在用了PM220“修路王”，以前五天才能干完的活现在两天就能搞定。

刘伟

316国道十堰段、209国道十堰段、福银高速公路十堰段都是我们公司负责养护的路段，总长300多公里，日常养护任务比较繁重。

在引进英达“修路王”以前，我们进行道路养护采用的办法是在施工现场架锅炒料加热，首先用切割机切割路面，然后进行现场浇铺和碾压，每次施工现场都扬尘漫天、浓烟滚滚，味道刺鼻难闻，长时间在粉尘密度大的环境中工作会造成呼吸系统的疾病，铣刨时高分贝的噪声也会对听觉和神经系统产生损害。肺病、耳鸣成为这一行从业人员常见的两种“职业病”。

此外，炒料使用的燃料是柴油，柴油燃烧不充分，有效使用率不高，造成资源浪费，增加了道路养护的成本。而且，由于施工时设备繁多，转场需要使用拖车，各种因素导致工作效率比较低下，我们工人每天加班加点也只能完成40平方米左右的路病养护。但是，使用“修路王”之后，情况得到了很大的改观。

福银高速公路十堰段位处山区，因为地质结构不稳等多方面的原因，道路投入使用后常常出现沉陷和裂缝等路病，部分路段坑槽现象也很严重，路面养护的任务非常艰巨。自从2010年7月我们公司引进了一台英达PM220“修路王”，我们的养护工作得到了有效的改观，再也用不着烧明火加热沥青混合料了，不仅粉尘、浓烟都没了，而且还免去了切割过程，噪声也大大降低，以前噪音隆隆令人头晕耳鸣的情况也消失了。

PM220“修路王”自带两个独立的加热恒温料仓，可以对沥青混合料进行加热保温，粗细料均匀混合，不会产生任何离析现象。PM220“修路王”展开式的加热墙可以一次性对横贯一个车道的裂缝进行加热，修补效率特别高。它最大的优点是修补过的地面接缝是热黏结，没有弱界面和弱接缝。用PM220“修路王”自带的小型压路机碾压后的路面非常平整服帖，和原路面之间可以形成一个无缝的整体。

相对于小修的手到擒来，“修路王”对道路中修也能提供帮助。道路大中修后，有时会出现路面高低不平的情况，俗称“花脸”，高的地方需要铲平，低的地方需要补料。没有“修路王”之前，只能切割后再重做，刚修好的路面又摞了“补丁”。现在有了PM220“修路王”，对于这种局部问题处理非常方便。可以先用加热墙对路面进行加热，然后根据实际情况进行补料或减料，最后用压路机碾平就可以了，处理后的路面和周围路面浑然一体。

过去采取传统工艺修路的时候，工人总是起早贪黑，即便如此，每天也完成不了多少工作量，最多只能修40多平方米。现在用了PM220“修路王”，以前五天才能干完的活现在两天就能搞定。避免了不必要的加班，劳动强度降低了，大家的工作热情自然也就高了。

这些实实在在的效益，都是“修路王”带来的。

在畅美公路养护中心负责养护的道路上，PM220“修路王”正在施工

用了英达“修路王”，高速路日常养护省时省力

安徽省华日建工集团有限公司经理　储文吟

拿我们管养的合铜黄高速公路来说，我们养护的路段里程超过200公里，路病分布比较分散，养护施工常常需要“长途奔袭”，给养护工作增加了难度。

传统道路养护施工工艺投入的设备多、人员多，治理作业点分散的路病十分不便。

用“修路王”，一台车、几个人就能施工，即使是遇到跨越数十公里甚至上百公里的“长途奔袭”，也能轻松应对。

建成于2007年的合铜黄高速公路是连接安徽中南部地区的交通要道，辐射范围包括了铜陵、池州、九华山风景区、太平湖风景区、黄山风景区等地区，庞大的交通通行量也给养护工作带来了不小的压力。

为了更好地完成合铜黄高速公路的日常养护任务，满足安徽省交投集团对日常养护提出的要求，我公司2008年从英达公司采购一台PM220“修路王”。为了充分发挥该设备的功能，我们专门成立了“修路王”施工队，我则负责这台设备以及这支施工队伍的管理工作。

通过总结这些年我公司对英达“修路王”的使用情况，我觉得这台设备非常适用于高速公路的日常养护工作。

拿我们管养的合铜黄高速公路来说，我们养护的路段里程超过200公里，路病分布比较分散，养护施工常常需要“长途奔袭”，给养护工作增加了难度。如果采用传统道路养护工艺施工，每次都需要出动路面破碎设备、清扫设备、运料车等多台设备，维修起来很不方便，需要投入的人力、物力也多。

英达“修路王”则完全不同。“修路王”是一体化设计，一台设备就可以完成加热、耙松、压实等施工过程。“修路王”自带恒温保温料仓，无需专门配备料车；英达手扶式振动压路机完全能够满足日常养护的需求，代替了大型压路机。用“修路王”，一台车、几个人就能施工，即使是遇到跨越数十公里甚至上百公里的“长途奔袭”，也能够轻松应对。

使用英达“修路王”施工后的路面质量也很“过硬”，不仅施工后路面平整、美观，而且使用

寿命也比采用传统施工工艺施工的路面长。在合铜黄高速公路，我们用英达“修路王”修复过的路面，路病复发周期较其他施工工艺延长了两至三倍。

总的来说，我认为英达“修路王”确实适用于高速公路的日常养护。

即使是对跨越数十公里的高速公路进行养护，“修路王”也能轻松应对

英达“修路王”，确保渝宜高速公路通畅的大功臣

重庆高速公路集团有限公司东渝分公司梁平管理处设备管理员　严劲松

梁平管理处一台“修路王”独立承担了渝宜高速公路渝泸段的日常养护工作。

英达“修路王”在施工效率和施工质量上的优势是其能独立满足渝宜高速公路渝泸段养护需求的原因。

每年6月至9月为渝东地区的雨季，雨后都会集中爆发大量路病，这时，英达“修路王”优质、快速施工的特点彰显无遗。

渝宜高速公路渝泸段是重庆东部与四川南部相连的重要通道，是关系重庆东部万州区、巫山县、奉节县、梁平县等各区县经济发展的命脉，而重庆高速公路集团有限公司东渝分公司梁平管理处就是这样一条经济大动脉的“守护者”，他们负责了这条高速公路从万州区到梁平县全线的养护工作。

2005年，东渝分公司从英达购进了一台PM400“修路王”，五六年来，它给我们的工作带来了很大的帮助。

首先，我还是要介绍一下这台设备给带来的养护质量的提升。

用英达“修路王”进行日常养护施工，施工后路面的使用寿命较传统的施工方法要延长很多。根据英达公司技术人员的解释，这是因为英达“修路王”能够实现施工后路面与原路面之间的“无缝热黏结”，而不像传统工艺施工完以后形成一个补丁，导致修复后的路面很不可靠，容易因为雨水侵袭或车辆碾压而很快出现新的破损。

到目前为止，我们管理处也仅有一台“修路王”养护设备，日常道路修补全都仰仗它。尽管如此，我们的养护工作仍然能够满足道路需求，其中很重要的一个原因就是“修路王”施工后的路面路病复发周期延长。

此外，“修路王”的施工效率也是有目共睹的。英达“修路王”是使用方便、施工快捷的养护设备，不需要很复杂的操作，即使人手不足时，两三名工人跟着车辆一同出发，也能顺利完成工作任务；在人手充裕的情况下，合理分工则可以提高养护效率，工人们也可以在更轻松的状态下工

作。根据我的操作经验，完成一处路病的修复只要半个小时，这可是传统工艺及其他任何养护设备都无法比拟的。

英达“修路王”的这些优势在雨季时体现得尤为明显。

渝东地区的雨季通常会在每年的6月至9月到来，雨季时，每个月超过1/3的时间都在下雨，雨后都会集中爆发大量路病。渝宜高速公路作为渝东地区的经济动脉，确保这条高速公路的畅通是最基本的要求。此时，“修路王”总能充分发挥其快速施工的功效。

此外，与传统施工方式相比，用英达“修路王”修复后的路面与原路面间形成“无缝黏结”，对路面抗水损害能力也有明显提高。

综合以上两方面因素来看，英达“修路王”是我们确保渝宜高速公路万州至梁平段道路畅通的大功臣。

“修路王”是确保渝宜高速平整通畅的大功臣

英达“修路王”，远路途修路全靠它

甘肃省白银公路总段设备管理员　王继承

甘肃省白银公路总段负责管养的公路总里程达980公里，路线长，路况复杂。对于这样的公路，养护关键就是要“快”：到达施工现场快、施工速度快、重新开放交通快。英达“修路王”完全能满足这三点要求。

设备上路一天，一般能修几十处路病，即使是遇到30平方米左右的大路病，大约一个小时也就搞定了。

另外，它转场灵活，使用方便，所以在白银公路总段的使用率非常高，几乎每天上路。

说到我们公司的英达PM400“修路王”，大家总是赞不绝口。在我们甘肃白银公路总段，这台设备使用率非常高，操作手们也对这台设备很满意。

关于这台“修路王”，受表扬最多的是它的自动加热恒温料仓。我们这里的沥青混合料拌和站都靠近白银市，假如要对银川附近的道路进行修复，还得从白银附近的拌和站运料。一百多公里的车程，如果没有“修路王”的保温料仓，热沥青混合料从白银运送到银川后温度肯定无法满足摊铺要求。

目前，这台PM400“修路王”负责养护的主要是G6国家高速（京藏高速公路）甘肃段，总长134.5公里。这条高速公路上行驶的大多是运煤车，超载现象很严重。银川产的煤，一般都是通过这条高速公路运往外省。我们甘肃省靖远煤电是全国闻名的煤矿公司，从靖远输送到各地的煤量非常庞大，所以这条高速公路的运煤车辆往来非常频繁。而该高速公路部分路段接近沙漠边缘，路基相对松散，经重型车辆长期碾压，坑槽、车辙等路病发病率很高。用“修路王”修补这些路病的效率非常高，设备上路一天，一般能修几十处路病，即使是遇到30平方米左右的大路病，一个小时也就搞定了。

让我印象最深的是“修路王”修补过的路面质量。2006年，公司购买这台PM400“修路王”时，英达公司一位赵姓工程师对我们进行了培训。培训时都是在现场进行设备操作演示，当时我就感觉这台设备的修补效果和传统施工设备明显不同。果不其然，培训时修好的几处坑槽经过一年多的使用，完全没有复发的迹象，修复效果非常理想。

目前白银公路总段负责管养的公路总里程中，高速公路达180公里，其他国省道加起来差不多也有800公里。管养这么长的公路是件非常不容易的事，繁重的养护任务对养护工作提出的首要要求就是“快”：到达施工现场快、施工速度快、重新开放交通快。英达“修路王”完全能满足这三点要求。

也正是因为之前购买的PM400“修路王”使用效果很好，前不久，我们白银公路总段又添置了一台PM500“修路王”，确保我们所养护的路段都能用上先进的设备，相信不久之后就能在我们养护的公路上看到两辆橙色“公路医生”忙碌的身影了。

PM400“修路王”正在路上施工

及时有效修复作业点分散的路病，只有英达“修路王”能做到

广东省长大三公司养护工程队队长　黄进泉

夏季，南方高速公路上因为车身自燃起火或交通事故引发车身起火的情况较多。“修路王”修复一块20平方米左右的烧焦路面，只要二十几分钟。

哪里出现路病，“修路王”就开到哪里。面对这种高强度、分散式养护，要做到及时有效，只有“修路王”能做到。

我负责京珠高速公路、京港澳高速公路、梅河高速公路、广珠东线高速公路、广肇高速公路、广梧高速公路等多条道路的养护工作，总的养护工程量加起来有500多公里。

因为负责养护的路段很多，每条路的路况又各不相同，所以遇到的路病种类也多。

拿梅河高速公路来说，在河龙段经常处理的路病就是坑槽和大面积烧焦路面。南方气温较高，特别是在夏天，高速公路上因为车身自燃起火或交通事故引发车身起火的情况较多。经过几年的不断实践和“训练”，现在用“修路王”修复一块20平方米左右的烧焦路面，只要二十几分钟。

我跟广州机场高速邓有道师傅经常在一起交流“修路王”的使用心得，遇到棘手问题时，也会相互沟通学习。拿大面积坑槽修补来说，邓师傅的修补经验比我们多，我就经常向他讨教。一个单个面积达6平方米、深度超过8厘米的大坑槽，如何做到及时有效的治理？如何让修补质量提高，降低复发几率？邓师傅说要保证两个方面，一是要用“修路王”加热墙对路病周边及下层路面一并加热，二是添加的热料温度一定要保证，只有做到这两方面，才能消除弱接缝与弱界面，路面抗剪强度和封水性能才能得以提高，修过的路面质量才过硬。

广州这个地方，公路养护的任务量和雨水有密切关系。2007年、2008年雨水特别多，从4月到6月我们基本每天都在工作，一般都是哪里出现路病，“修路王”就开到哪里。我们一个班组9个人，有一台“修路王”和一辆交通安全指示车。每出现一块路病，公司都会有规定的修补时间，要求我们做到高效修补，随修随走。面对这种高强度、分散式养护，要做到及时有效，只有“修路

王”能做到。采用传统方式修补肯定是行不通的，因为设备转场不灵活，并且单次修补动用的人员、设备也多。

使用“修路王”七年来，2009年的一次应急抢修让我印象最深。当时我们应邀去修补广州市人民政府附近的一条市政道路，按照当时的情况，采用传统工艺根本无法满足修补的要求。在广州，白天大型货车不允许进市区，装载沥青混合料的车只有晚上才能进入市区；另外拌和场离市区很远，如果从拌和场运送加热好的沥青混合料到施工地点，拌好的沥青混合料温度得不到保证，造成摊铺温度不够，施工后的路面质量自然也无法保证。在几次施工效果都不理想的情况下，市政道路管理部门就借调了我们的“修路王”过去，用“修路王”可以现场对沥青混合料进行加热，并且能够达到理想的摊铺温度，施工效果非常好。

现在我们不仅负责广州几条高速公路的养护，广州市政府大院内的道路养护也是由我们“修路王”小组在负责。

广州市区的道路养护也用上了长大三公司的这台“修路王”

解决供料问题

有了英达“修路王”，一年365天都有热料用

浙江省台州市汇通高等级公路养护工程有限公司经理　陈秋华

沈海高速作为东南沿海的“主干道”，车流量相当大。加上南方多雨水，在车辆碾压和雨水冲刷的双重作用下，路面出现了很多坑槽和网裂等路病。

修补坑槽时，需要添加新料的量比一般路病要多。“修路王”的料仓可以快速提供优质热料，保证了一年365天都有热料供应，我们再也不用为冬季拌和厂关门或是远距离运输热料导致的沥青混合料温度下降而担心了。

沈海高速公路是唯一一条贯通中国东南沿海地区的高速公路，我们购置的“修路王”就主要用于G15线（沈海高速公路）浙江省台州市境内路段的日常道路养护。

沈海高速公路作为东南沿海的“主干道”，车流量相当大。加上南方多雨水，在车辆碾压和雨水冲刷的双重作用下，路面出现了很多坑槽和网裂等路病。“修路王”是一台综合养护设备，通过这五六年的使用摸索，我发现它在治理这些路病上有着诸多优势。

修补坑槽路病时，需要添加新料的量比一般路病要多一些。说到供料，就不得不提“修路王”的恒温料仓了，它可以快速提供优质热料，并且因为料仓具有加热和保温双重功能，所以保证了一年365天都有热料供应，我们再也不用为冬季拌和厂关门或是远距离运输热料导致的沥青混合料温度下降而担心了。

在处治网裂路病时，用“修路王”的加热墙对病害路面有效加热至五到六厘米深，再经过疏松耙耙松、添加新料等一系列简单工序，路面就可以轻松修复一新。采用这种加热、耙松路面的热再生方式比用传统工艺处理网裂路病，工序要简单许多。

另外，非常值得一提的是“修路王”自带的小型压路机，它压实路面的效果非常理想。经过加热、耙松后的路面，用“修路王”的小压路机压实后，新修路面能够与原路面平整地黏合成一个整体。采用传统工艺施工，新旧路面之间会留下明显的接缝，不仅难看，在遭受雨水侵入后又会再次引发路病。同时，因为这种手扶式振动压路机具有体积小、可以折叠运输的特点，给我们在使用上带来了极大的便利，正是因为它良好的使用效果和便于携带的特点，公司前后购买了3台这种小型

压路机。

南方地区路病的高发期是雨季，一到六七月份，就进入了路病的密集修补期，这时候，我们的劳动强度就会大大增加，有时候一天甚至要处理几十处大大小小的路病，这时“修路王”高效率的优势就充分体现出来了。“修路王”采用单车作业，可以在不封路的情况下，仅用半小时左右就能完成一个一平方米左右的路病修补。

只要善于总结经验，充分利用“修路王”的各项功能，相信高速公路要想做到高效、优质的保养，一定不成问题。

在修复大面积路病时，“修路王”料仓的优势尤为明显

英达“修路王”保温料仓，为我们节省养护成本

江西省高等级公路管理局赣州管理处养护中心设备管理员　王玉吉

PM400“修路王”的料仓具有恒温保温功能，装上满满一车热料，即使施工上一整天，出料的质量也不会受影响；它还具有间歇式加热功能，能把冷料加热成优质的热料，不会出现离析，也不会烧焦热料。

“修路王”的保温料仓，解决了远距离去拌和场拉料的问题，节约了资源。

我是江西省高速公路赣州管理处的设备管理员，我们有一台自带加热墙、料仓和小型压路机并且能独立进行日常路面养护的设备，这就是从英达公司采购的PM400“修路王”。

说起英达公司的“修路王”，养护行业同仁们应该并不陌生，不少使用过“修路王”的同行们都会关注它的加热墙，它能把修复后的路面接缝处理得很好，也能做到比传统施工工艺更省力；也有不少人青睐它的压路机，它小小的个头压实效果却丝毫不亚于那些“大家伙”；而我更青睐它的保温料仓。

PM400“修路王”有一个约3.2立方米的大料仓，它具有恒温保温的作用，装上满满一车热料，即使施工上一整天，出料的质量的也不会受影响；它还具有间歇式加热功能，能把冷料加热成优质的热料，不会出现离析，也不会烧焦热料。

众所周知，日常养护不同于大中修专项工程，养护过程中消耗的新料也不会像大中修那么多，拌和场一开机就能产出几十吨料，可通常一天的养护根本用不了这么多料，多余的料怎么办，怎么解决供料问题是很多负责养护的单位都头疼的事情，很多时候大量新料就被白白浪费掉。

自从采购来这台“修路王”，这种材料浪费就没有在我们泰赣高速公路发生过。我们会事先在“修路王”里装满冷料块，加热好后再出去施工，加热好的料能满足我们一天的养护需求，这比我们从拌和场拉料方便多了，而且还避免了不必要的浪费，节约了不少养护的成本。

而且，用“修路王”加热出来的新料质量也很过关。英达PM400料仓内安装有多个红外线温度检测点，能够根据需要自动调节加热温度，确保了加热过程中新料不会因为加热过度而出现被烧焦的情况，也不会因为加热不够或者加热不均匀而导致出料离析，加热出来的新料质量不亚于拌和场

拌出的新料，绝对能够满足我们日常养护的需要。

可以说现在这台英达“修路王”已经成为我们泰赣高速公路日常养护工作中不可或缺的“左膀右臂”！

在这里，我还想提醒一下正在使用英达“修路王”的用户，修补工作完成后，料仓内的残余新料一定要清除干净，否则这些料黏结在料仓内壁上会严重影响料仓的加热效果。善待你的设备，你的设备才会更好地回报你！

客户观摩PM400“修路王”施工

有了英达“修路王”，优质热料供应不再成为问题

广东河惠高速公路有限公司养护队队长　钟强辉

广东是多雨、多台风的地区，雨水经常通过路面裂缝和路面孔隙渗透至路基，产生唧浆、塌陷、坑槽等路病。所以对南方道路进行管养，要特别注重提高道路的封水性。

修补后路面质量的好坏、封水性能如何，跟添加的沥青混合料质量有直接关系。

“修路王”自带的恒温料仓，可以解决沥青混合料加热和保温的问题，它提供的优质热料可以提升道路封水性能。

钟强辉

我负责管养的河惠高速公路是国家重点公路阿荣旗至深圳高速公路广东境内的重要组成部分，全线长80.3公里。

随着粤赣高速公路的通车，河惠高速公路车流量增加迅猛，尤其是三类以上的重车和超重车成倍增长。经过这么多年的运营，河惠高速公路出现了不同程度的各类病害。就拿小金口至平南段来说，大部分属于山区高速公路，道路最大的特点是高填方路基多，由于路基不均匀沉降和水稳基层收缩开裂等原因引起的反射裂缝病害十分突出。而且广东是多雨、多台风的地区，雨水经常通过路面裂缝和路面孔隙渗透至路基，产生唧浆、塌陷、坑槽等路病。所以对南方道路进行管养，要特别注重提高道路的封水性。这就对我们公路养护的施工质量提出了更高要求。

2006年，我开始做公路养护工作，五年多来，通过无数次的实践，我发现修补后路面质量的好坏、封水性能如何，跟添加的沥青混合料质量有直接关系。如果沥青混合料加热不均匀或因为运输路途原因导致热料温度下降，都会造成摊铺效果不理想，从而导致施工后路面封水性能达不到要求。而PM400“修路王”自带的恒温料仓，正好可以解决沥青混合料加热和保温两个问题。这个料仓设计很特别，内部分割成六个小仓，可以对冷料进行独立均匀加热，加热出来的热料温度均匀，质量非常好，同时还能长时间保温，料温得到保证，摊铺效果自然就好，施工后的路面质量也得到有效提高。

虽然我主要管养的是河惠高速公路，但因为用“修路王”施工效率高，修补过的路面质量好，受到公司其他养护站的好评，“修路王”因此也经常被借调到周边其他高速公路上工作。比如最近我们就经常用“修路王”对粤赣高速公路进行保养，这都得益于“修路王”先进的修补技术。换作采用传统工艺，如果要去修补临近的公路，光借调设备就得三四台，包括切割机、破碎机、压路机，热料运输也很麻烦。现在只要一台“修路王”，运料、修路设备都解决了。

“修路王”自带料仓，解决了大面积路病治理中的供料问题

有了英达TM640，再也不用大夏天在太阳下傻等了

重庆高速公路公司中渝分公司“修路王”施工班长　张敬伟

重庆是有名的四大“火炉”之一，夏天温度经常高达40℃以上，被太阳暴晒的沥青路面表层温度更高，在这种情况下，路面很容易“泛油”，上下坡路段经常被碾压出车辙，这些路病都可能会造成翻车等交通事故，非常危险。遇到这种情况，必须要马上抢修。有了英达TM640，修复这些路病可就方便多了，既省时，又省力，再也不用担心修到一半没料，站在大太阳底下傻等了！

张敬伟

重庆号称“山城”、“雾都”，地理和气候条件都相当特殊，这给我们的道路养护工作带来不少困难。

我们公司养护路段包括兰海高速公路、渝湘高速公路、渝黔高速公路、重庆绕城高速公路和内环高速公路，总共400多公里。重庆气候潮湿，总是下雨，坑塘、网裂、壅包、沉陷等各种路病都有。这么多不同类型的路病，要做到及时修补，我们以前真是忙得不得了，但是经常忙到一半新料就用完了，为了完成抢修任务，要赶紧跑几十公里去拌和厂运新料，遇到下大雨或者晚上，拌和厂不开门，就得一直等，那时候加班是常事，一两个月回不了家是很正常的事情。

6年前单位引进了一台英达TM640，情况大大改善了。它有两个加热恒温料仓，可以同时放置两种不同级配的沥青混合料，能满足同时填补深层粗集料和修复上面层细集料的要求 。平时一次性运几十吨冷料放在仓库，随时需要随时加热，现在再也不会出现中途缺料的情况了。自从TM640来了，这5年来我都没怎么加过班，下班了就能准时回家，晚上休息好了，白天工作当然更带劲啦。

2008年夏季，正赶上重庆雨季，那年雨量特别大，很多公路被淹，兰海高速公路和渝黔高速公路有多处路段出现积水。15厘米厚的路面都被雨水强大的冲刷渗透力“抬了起来”，形成了大大小小的壅包，最大的壅包达到了30多平方米，为了保证道路通畅，必须要立即抢修。换在过去，如果采用传统工艺修复的话，这么大面积的路病，供料问题很难处理，速度慢，耗时长，根本无法保证及时通车。有了TM640以后，情况就大不一样了。那天我们几个人开着TM640进场，前后只短短不到

4小时就完成了所有壅包的修复，恢复了道路平坦，修复完后立即通车，把对交通的影响降到了最低。尽管是紧急抢修，修复后的质量也经住了考验，一年多都没再爆发相同路病。

重庆还是有名的四大“火炉”之一，夏天温度经常高达40℃以上，被太阳暴晒的沥青路面表层温度更高，在这种情况下，路面很容易“泛油”，上下坡路段经常被碾压出车辙，这些路病都可能会造成翻车等交通事故，非常危险。遇到这种情况，必须要马上抢修。有了英达TM640，修复这些路病可就方便多了，既省时，又省力，再也不担心修到一半没料，站在大太阳底下傻等了！

TM640两个大容积料仓，充分保证了日常养护过程中的热料供应

有了英达“修路王”，冬季也能修路了

广东省长大公路工程有限公司第四分公司操作手　苏锡庆

在广东地区，广惠高速公路上行驶的重型车最多，车流量也非常大，而且从2004年至2010年，一直都没有大修过，所以之前的日常养护工作很繁重，这期间，PM640“修路王”帮了大忙。

雨后及冬季抢修，只有“修路王”能做到。“修路王”的加热恒温料仓差不多可满足一天的用料要求。

2009年的时候路病频繁发生，我们每天都要工作十多个小时，平均每天要修补100平方米左右，一个月修补两三千平方米很正常，没有“修路王”的高效施工，这样繁重的养护任务根本无法完成。

广惠高速公路是交通运输部规划的国家重点公路第十五横汕尾至云南清水河公路的重要路段，也是广东省规划的干线公路中的重要组成部分。广惠高速公路的建成，使广州、惠州、汕头、粤东地区联成一体，对加强广州对粤东地区的辐射力度，促进粤东山区的经济发展具有重要意义。

我正是负责养护这条高速公路的一名工人。广惠高速公路全长150多公里，养护任务繁重，但经过这七八年的工作，我有着非常自豪的成就感。

在整个广东地区，过往广惠高速公路的重型车最多，运货车最重的有八九十吨，同时，这条路的车流量也非常大，去往福建、江西、湖北等省的车辆大都需要从广惠高速公路经过。广惠高速公路从2004年建成以来一直都没有大修过，直到2011年为了迎“国检”才进行了一次大修。由于重型车的长期碾压，车流量大，南方雨水又多，致使这条路坑槽、翻浆、壅包等路病频频出现。

英达PM640“修路王”的到来真是帮我们“减负”不少。就拿修补坑槽来说，我修过最大的坑槽有二三十平方米，用“修路王”来修，最多半天就能修补好，不用挖开路面也不用封路。最重要的是用它修过的路质量过硬，通过对路面上面层和中面层同时加热，能够很好地消除传统工艺施工后存在的上、中面层黏结不良及层间抗剪强度不足等缺陷，有效提升了修复后路面的防水性能，延长了道路的使用寿命。

在使用“修路王”的这六七年里，我们不断摸索，以求更为充分地利用其特长。以前我们用

“修路王”装冷料块，由于料快是块状的，往往装不满，加上用“修路王”修路速度又快，这样一来，往往一车料也只够使用一上午。现在我们用PM640“修路王”直接装已经加热好的沥青混合料，相比装冷料块，能够多装很多，一个料仓能装五吨以上，再利用自动加热恒温料仓的保温功能保存着热料，即使在冬天出去工作一整天，也不怕料不够用或混合料的温度不够，省去了中途来回二次运料的时间。同时，因为有热料做保障，遇上大面积路病修补，我们也不再发愁了。在我印象中，以前用“修路王”修补过最大的路病有两三百平方米。2009年的时候路病频繁发生，我们每天都要工作十多个小时，平均每天要修补100平方米左右，一个月修补两三千平方米很正常，没有“修路王”的高效施工，这样繁重的养护任务根本无法完成。

广惠高速公路的抢修任务也很多，由于交通事故引发的沥青路面烧焦、毁损，大雨、雷电对路面造成的破坏，这些都需要进行应急性抢修。2009年夏天，广东省遭到了连续大暴雨的袭击，6、7、8三个月，持续阴雨和雷电导致交通事故频发，有些路段甚至直接被雷电击中，致使路面出现破裂。那段时间路面损坏相当严重，几乎每天都有应急抢修任务，养护人员随时处于备战状态，连续三个月早上六点出门，晚上七八点钟才能收工。而雨天抢修任务，恐怕也只有“修路王”能做到。只要不是特别大的雨造成路面积水，我们都可以利用“修路王”的加热墙把路面烘干并使路面温度达到可施工的温度，然后再进行耙松、添加适当新料、摊铺、压实……使用“修路王”，无论冬季还是雨天，都不会耽误工作。

雨季高强度的抢修中，“修路王”帮了我们大忙

有了英达TM500，出料再也不会“糊锅”了

东方路桥建设养护公司天元分公司操作手　刘义亮

2007年公司从英达引进了一台PM300、两台TM500，每台都是好样儿的，解决了我们应急抢修的大问题。PM300自带加热恒温控制料仓，可对沥青混合料进行加热保温。TM500的料仓更厉害，是滚筒式快速加热料仓，在行驶和施工时，都可以加热，半小时内就能加热好3吨新料，特别适合大面积路病治理和应急抢修任务。最重要的是，在加热过程中不会出现混合料被“烧焦”的现象，也不会出现离析现象，出料再也不会“糊锅”了。

刘义亮

我进入东方路桥建设养护公司天元分公司已经7年了，现在主要负责南京机场高速公路、宁高高速公路和宁淮高速公路南京段的道路养护，路段总长300多公里，里程长，任务重。

我们负责养护的许多路段“先天不良”，属于软基土质，被大量汽车来来去去反复碾压后会出现沉陷、壅包等路病。在没引进英达TM500以前，我们用的是“笨办法”慢慢来，先把路病周围铲除，然后再从拌和厂拖新料回来填平、压实。不仅速度慢、成本高，而且一旦到了晚上拌和厂下班或者阴雨天，工作就没法进行，而且阴雨天路面还极容易再次被压坏。这些问题搞得我们焦头烂额，经常加班加点还来不及完成任务，完不成就得“挨批”，我们的养护压力也大得很，但是又没什么办法。

2007年公司从英达引进了一台PM300、两台TM500，每台都是好样儿的，解决了我们应急抢修的大问题。PM300自带加热恒温控制料仓，可对沥青混合料进行加热保温。TM500的料仓更厉害，是滚筒式快速加热料仓，在行驶和施工时，都可以加热，半小时内就能加热好3吨新料，特别适合大面积路病治理和应急抢修任务。最重要的是，在加热过程中不会出现混合料被“烧焦”的现象，也不会出现离析现象，出料再也不会“糊锅”了。这样我们随时随地都能进行抢修，再也不受拌和场供料情况的影响了，随时用料随时加热，保证了新料的及时供应。而且，修补速度也很快，修复一块

5平方米左右的路病只需要20分钟左右，工作效率提高了不少，上级领导也很满意。

除此以外，英达的售后培训和服务人员也特别热心。每次有问题打电话咨询，都有专业的售后服务人员耐心解答。有故障，一个电话维修人员很快就到现场处理，免除了我们许多后顾之忧，让我们心里踏实了不少。

英达TM500供料速度快，质量优

常见路病
修复效果

英达“修路王”，坑槽的强力“克星”

安徽省阜阳市公路工程养护公司养护科长　李友

我们负责的105国道颍州段、合肥北环城高速公路、界阜蚌高速公路怀远到蒙城段等路段是坑槽多发路段，尤其是合肥北环城高速公路。每个坑槽的平均面积超过了5平方米，有的甚至达到十几平方米，深度可达八九厘米。

采用传统方式修补坑槽，先要把破损的路面挖开，将路面进行清理，再喷涂黏层油后铺上新料、压实。开挖、清扫的过程很费力、很耗时，以前修一个坑槽起码要花上半天。

有了“修路王”，一台设备就能修复大多数路病，尤其修坑槽特别管用，平均修一个坑槽还不到半小时。

坑槽是高速公路、干线公路的典型病害之一，一方面严重影响行车的舒适和安全。车辆驶过易产生颠簸，严重时会引发侧翻等事故，另一方面，出现坑槽的路面极易受雨水侵蚀，致使下面层甚至基层出现水损害，缩短道路使用寿命。

由我公司负责的105国道颍州段、合肥北环城高速、界阜蚌高速公路怀远到蒙城段等路段是坑槽多发路段，尤其是合肥北环城高速公路。当初建路时路面含泥量较高，通车后出现了大量坑槽，各坑槽平均面积超过了5平方米，最大的甚至达到十几平方米，深度达八九厘米。这样大面积、高密度的坑槽路病成为高速公路上

李友（左二）在“修路王”施工现场

的“安全杀手”。

大大小小一百多处坑槽，如果采用铣刨后重新摊铺的方式，先要把破损的路面挖开，对路面进行清理，再喷涂黏层油后铺上新料、压实。这是一个非常庞大的工程，需要花费大量人力、时间和成本，至少要花一个月时间来处理。

现在我们治理坑槽的方式更轻松了。2010年4月，我们从英达公司买回一台PM220“修路王”，这台设备功能十分强大，单台设备就能独立搞定各种路病，而且出色的加热效果，对修复坑槽特别管用。

“修路王”自带加热墙，能够轻轻松松地把破损的路面加热、软化，人工将路面耙松后，对路面喷洒上乳化沥青、添加少量新料，然后再用自带的手扶振动式压路机将路面压实，原本坑洼的路面立刻恢复平整。“修路王”最大的特点就是施工速度快，平均修一个坑槽还不到半个小时，一百多个坑槽不到十天全部完成，比传统工艺节省了三分之二的时间。

和“修路王”一起干活，我们的工人也轻松多了，再也不用带着各种设备到处跑，也不用提着重重的液压镐去破碎路面，被切割带来的灰尘呛得灰头土脸了。

施工中，“修路王”正在对路面进行加热

英达“修路王”，整治隧道口接缝带路病有妙招

福建省南平高速养护站站长　龚国义

南平高速公路的隧道大多是水泥路面，在进隧道口的地方，沥青路面和水泥路面的接缝带经常会有下沉现象。处理这种窄长的接缝问题，如果采用传统工艺，一般只能人工挖补，每年要挖补几十处，工作量非常大。“修路王”自带的加热墙和疏松耙可以有效地对付这一难题。

龚国义

2006年，我们公司引进了英达“修路王”，而我是从2009年起正式负责高速公路的养护工作。短短的两年中我对“修路王”的优势已有了深刻体会，它最大的优点就是——方便。

以前用传统工艺施工是“风尘仆仆”，几台“大家伙”又是凿又是挖，现在只要一台“修路王”，耙松、铺热料、压实的设备都有了，施工的方便程度大大提高了。

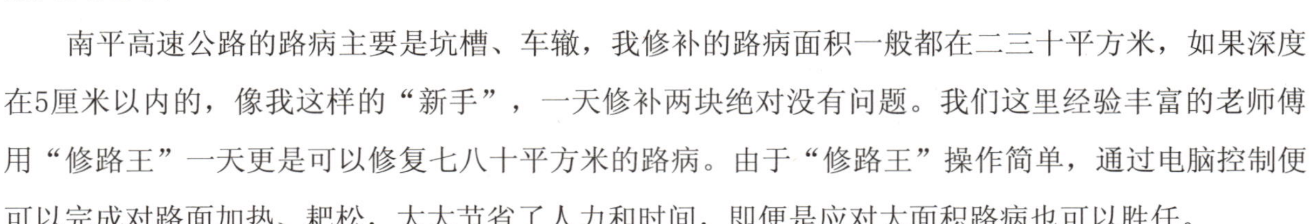

南平高速公路的路病主要是坑槽、车辙，我修补的路病面积一般都在二三十平方米，如果深度在5厘米以内的，像我这样的“新手”，一天修补两块绝对没有问题。我们这里经验丰富的老师傅用“修路王”一天更是可以修复七八十平方米的路病。由于“修路王”操作简单，通过电脑控制便可以完成对路面加热、耙松，大大节省了人力和时间，即便是应对大面积路病也可以胜任。

在南平高速公路上，有一种典型路病——由于这条路上的隧道大多还是水泥路面，所以在进隧道口的地方，沥青路面和水泥路面的接缝带经常会出现下沉现象。我们每年都要对这种问题进行治理，而处理这种窄长的接缝问题，如果采用传统工艺，一般只能采用人工挖补的方法，每年要挖补几十处，工作量非常大。有了“修路王”以后，它自带的加热墙和疏松耙可以有效地对付这一难题。工作时加热墙可以左右旋转或横移，疏松耙的设计非常人性化，现在修理这种接缝带再也不觉得麻烦了。

另外，“修路王”加热墙还有分区域对路病进行加热的功能，在路病面积较小的情况下，只需要启动一个区域的加热墙，节省很多燃料，疏松耙也可以根据加热路病的面积大小进行调整，准确有效地耙松病害区域的路面。

“修路王”真像一个神奇的小机器人，为我们解决了不少修路难题。

通过加热、耙松等工序，“修路王”就可以轻松完成路病的修复

应对大面积烧焦路病，英达“修路王”有绝招

广东广州机场高速公路运营管理有限公司设备管理员　邓有道

广州机场高速公路对道路日常养护施工提出的要求是：安全、迅速，“坑槽不过夜”。应对这样的高效养护要求，只有“修路王”能够胜任。

实践证明，“修路王”在修补坑槽等路病的快速和高效上表现抢眼，整个修路过程一般不会超过半小时。

2009年的时候，广珠东高速公路发生车祸，一百多平方米面层基本被烧焦，我们用“修路王”成功治理了这次大面积路面焚毁。

广州机场高速公路南起广州三元里，北至花都北兴，与京珠高速公路相连，沿线分别与广州环城高速公路、华南快速干线（西线）、北二环高速公路相连，是进出祖国“南大门”的必经之路。作为这条路的日常养护部门，我们广州机场高速公路运营管理有限公司对道路日常养护、施工也提出了严格的要求：一方面施工现场作业要保证安全、迅速，另一方面对路面修补也提出“坑槽不过夜”以及养护作业在路面堆料不能超过24小时的规定。

应对这样的高效养护要求，只有“修路王”能够胜任，这也是公司为什么在2004年选择引进英达PM400“修路王”的最主要原因。实践证明，“修路王”在修补坑槽的高效上确实表现抢眼。利用加热墙对路面进行有效加热，然后用疏松耙对加热后路面进行耙松，添加适当的新料，压实、整平，整个过程一般不超过半小时。不封路、不过夜，有了“修路王”，公司对我们养护队伍提出的各项要求均能顺利达成。

广州机场高速公路除了大中修外，道路日常养护都是这台“修路王”上阵，在这里我们遇到的主要路病有裂缝、翻浆、坑槽。南方雨水多，雨水下渗后经车辆碾压，容易造成翻浆，时间一长还会形成坑槽。高效、优质是“修路王”修补坑槽独有的优势，用“修路王”修补过的坑槽，路面质量非常好，长时间不会复发。我从事公路养护工作这五年时间，经“修路王”修过的坑槽大多不需要进行二次施工，这主要得益于英达独有的层间热黏结技术。用“修路王”加热墙对路病周边及下层路面一并加热，将施工后路面与原路面“焊接”成为一个整体，便能有效地消除弱接缝与弱界

面，大大提升路面的封水性能。

2009年的时候，英达就地热再生机组来到广珠东高速公路，对那里的桥面和路面病害进行综合治理，碰巧广珠东高速公路发生车祸，一百多平方米路面面层基本被烧焦，英达机组的同事当即决定加入我们的抢修队伍，协助我们用“修路王”成功治理了这次大面积路面焚毁。我们首先使用加热墙对病害处进行循环加热，当表层四至六厘米厚的沥青路面加热至工作温度时，耙去表层被车祸烧焦的沥青料，加入所需新料，经过整平、压实等工序后，一条崭新的路面就出现在眼前了。仅用一台PM400“修路王”我们就轻松完成了一百多平方米的路病修补，这样的成就感是过去根本无法体会的。

PM400“修路王”正在对路面病害进行加热

迎"国检"，英达"修路王"治理30处桥头跳车

江西京福高速公路温沙管理处设备管理员　陆天鸣

京福高速公路江西段全长178公里，桥梁60多座，桥头跳车现象非常常见。

英达"修路王"治理桥头跳车，能使桥头连接处恢复平整，消除跳车现象。

"国检"前，我们集中治理了近30个问题桥头，总的施工时间不足一个月，为"国检"赢得了加分。

京福高速公路江西段全长178公里，自2004年建成通车以来，全段养护工作都是由我们负责。2007年，我们从英达公司购进了一台"修路王"，养护压力得到有效缓解。在治理各种常见路病，尤其是桥头跳车的问题上，英达"修路王"非常管用。

在我们管养的路段，共有大大小小的桥梁60多座，随着道路使用年限的增加，桥头沉陷时有发生。自从"修路王"到位后，这里所有的桥头跳车路病，我们都是用英达"修路王"进行修复的。

用"修路王"治理桥头跳车的时候，为了使施工效果更好，我们会处理桥头连接处路面往外延伸十几米的地方，这样可以保证治理完的路面更加平顺。当然，这样工作量也会有所增加，每个桥头我们的施工量通常都在150平方米以上。但英达"修路王"的施工速度能够有效地保证我们的工作效率，通常我们治理一处桥头跳车总的施工时间都能控制在五六个小时以内，确保一个桥头沉降问题能在一天内完全被搞定。

"修路王"的到来，缓解了京福高速的养护压力

在2011年全国干线公路大检查当中，我们采用英达的"修路王"集中治理了大约30个"问题桥头"，而整个过程差不多只用了不到四十天，其中还包括了因为天气等原因未能正常施工的时间，仔细算来，总的施工时间连一个月还不到，而且经"修路王"施工后这些桥头连接处路面平整度都非常理想。

尽管现在江西地区的“国检”已经结束，但为了让所有经过京福高速公路江西段的驾驶员们有个舒适的驾车环境，我们仍然不能有丝毫松懈。我们充分相信，有了英达“修路王”，京福高速公路江西段上经过的车辆不会再被各种路病和桥头跳车所困扰。

京福高速上，“修路王”正在修补路病

哪里有坑槽，哪里就有英达“修路王”

江西省京福高速公路南新养护工区机务部部长　李平国

乐温高速公路最常见的路病是坑槽，只要出现坑槽，我们都会用“修路王”去修复，因为“修路王”治理坑槽效果非常好。

用英达“修路王”治理坑槽，施工后的路面外观和质量都很理想，路病复发情况大大减少；治理连续坑槽时，“修路王”尤为管用，在保证质量的前提下，能够快速消除安全隐患。

2005年11月，乐温高速公路建成通车，从那时起我被调到南新工区负责这条高速公路的日常养护工作。2008年，我们引进了一台英达PM400型“修路王”，公路养护机械化水平进一步提高。

尽管乐温高速公路已经通车五年多了，但由于日常养护及时到位，加上通车压力较小，道路状况一直保持得比较好。乐温高速公路最常见的路病是坑槽，只要出现坑槽，我们都会用“修路王”去修复，因为“修路王”治理坑槽效果非常好。

乐温高速“修路王”班组正在对破损路面进行抢修

英达“修路王”自带的加热墙能快速对路面进行加热，通过对充分加热过的路面喷洒乳化沥青可补充缺失的沥青，实现对旧路面材料的循环再用。利用加热墙对路面进行加热，可以使新旧路面黏合成一个整体，施工质量提升，施工后的路面无论是外观、平整度还是抗剪强度、抗路病的能力都良好，路病复发的情况也大大减少。

另外，英达“修路王”自带加热料仓，能够把冷料块加热成热料使用，而且加热好的料温度均匀、无离析、质量好，这也成为“修路王”施工质量优异的又一有力保障。

总之，我认为“修路王”非常适合用来做高速公路的坑槽修复，尤其是处理高速公路上的连续坑槽，效果更佳。用英达的“修路王”进行治理，可以通过控制加热程序或者合理安排加热、耙松、碾压等工序，提高养护效率，在保证施工质量的前提下，更快地完成养护任务，快速消除安全隐患。

我十分看好英达“修路王”治理坑槽的能力，在我们乐温高速公路，哪里有坑槽，哪里就会有“修路王”的身影。

采用“修路王”施工，充分利用加热墙的功能，可实现层间热黏结，大大提升养护质量

英达“修路王”，治理车辙更优质、更经济

安徽新科路面养护责任有限公司设备管理员　陈勇庆

我公司近年来承接了南洛高速公路安徽段、沪渝高速公路芜湖至宣城段、沪陕高速公路合肥至六安段等多条重要高速公路的养护工作，在业内创下了良好的口碑，尤其是在日常养护方面取得了骄人的成绩。这与“修路王”的出色表现密不可分。

“修路王”具有质量好、节省材料、节约成本的特点。

“修路王”能独立完成大面积路病治理，这是其他设备无法比拟的。

2008年，一处深2～4厘米、总面积近500平方米的车辙路病，用英达“修路王”只用了三天时间就全部修复完成。

我公司是一家专门承接高速公路日常养护、大中修改专项整治工程的养护工程公司，近年来承接了南（京）洛（阳）高速公路安徽段、沪渝高速公路芜湖至宣城段、沪陕高速公路合肥至六安段等多条重要高速公路的养护工作，在业内创下了良好的口碑，尤其是在日常养护方面取得了骄人的成绩。

谈到我们在日常养护中所取得的优异成绩，不得不提我们从英达公司引进的这台PM400“修路王”了。

英达“修路王”沥青路面就地热再生技术日常修补设备，与传统的养护方式相比有着多方面的优势：

第一是质量好。采用“修路王”施工后的路面与原路面之间是热黏结，不存在传统工艺施工后的弱接缝和弱界面，路病复发的周期延长了，满足了业主的要求。

第二是节约材料。传统养护施工，都是将原路面进行破碎、挖除，然后废弃，浪费了大量原本可循环再用的材料，而用“修路王”施工，施工中不会打碎石料，可对原路面材料全部循环利用，减少添加新料的用量。

第三是经济效益好。英达“修路王”施工效率较传统工艺大大提高，成本大大降低。

除此以外，英达公司还具有传统工艺和其他养护设备都无法比拟的优势，那就是对大面积路病

的有效修补。

2008年，我们所负责的南洛高速公路阜蒙新河特大桥出现了一段较为明显的车辙，深度达2～4厘米，总面积有近500平方米。原本计划采用铣刨后重新摊铺的方法进行施工，研究发现这种施工方式不仅需要花费较高的成本，而且对大型摊铺设备来说，这种小面积摊铺质量也无法保证。后来，我们就决定用“修路王”进行修复，通过采用移动式加热的方式，我们只用了三天就将整块路病修复完成，修复后两年多的时间车辙都没有复发。

采用英达“修路王”进行路病修复，不仅节省了大量材料、节约了调用大型设备的成本，而且施工后路面质量也更有保障。

正是凭借着英达“修路王”的出色表现，我们在整个安徽省的道路养护行业中占据了一席之地，在同行中享有着良好的口碑，也得到了道路主管部门的充分认可。

“修路王”的出色表现，在安徽省高速公路养护行业赢得了良好的口碑

英达“修路王”，反射性裂缝修复专家

重庆市市政设施管理局快速路二处养护队队长　徐康

英达PM220“修路王”是裂缝修复专家，它的加热墙具有展开式加热的功能，这就是专门针对裂缝“狭长”这一特点而设计的。

重庆内环路因基层反射至路面形成的裂缝较多，我们都是用PM220“修路王”进行专门修复的，效果非常好。

我们将统筹学应用到养护施工中，施工效率大大提高，在各项条件允许的情况下，用英达“修路王”一天至少可以修补二三十处路病。

徐康

2010年1月1日起，原重庆市内环高速公路改为城市快速路，移交重庆市市政局管理，该路段的全部日常养护工作也从这一天起交由重庆市市政局快速路二处负责。为了更好地承担起该路段的养护工作，市政局专门从英达公司采购了一台PM220“修路王”，从那时起，我正式接触了这种养护设备。

一年多来，我们一直用英达“修路王”进行着内环路的日常养护工作，它为我们的日常养护工作作出了巨大贡献。

使用英达“修路王”一年多以来，该设备有两个特点给我们带来很大帮助：

首先，用“修路王”施工后路面无弱接缝，施工质量更好，这是采用传统工艺施工无法达到的。传统工艺通常都是将病害路面挖除（或铣刨），然后添加进新料，再压实，这个过程中添加的新料与原路面之间存在较大的温度差，弱接缝、弱界面就必然会存在，不仅影响道路美观度，同时道路使用寿命也大大降低。

而英达“修路王”是将路面加热后进行耙松，然后根据需要喷洒适量乳化沥青、添加少量新料后再压实，因此添加的新料与周围路面的温度相同，碾压时两者之间能够形成良好的“挤嵌”作用，不会产生弱接缝和弱界面，路面抗剪强度提高了，抗路病的能力也就增强了，使用寿命也就得以延长。

另外，我们引进的英达PM220“修路王”还是裂缝修复专家，它的加热墙具有展开加热的功能，就是专门针对裂缝“狭长”这一特点的。内环路建成至今已有十多年，路面因老化而引进的裂缝或由基层反射至路面形成的裂缝较多，这种情况下我们都是利用PM220“修路王”的这个独特功能进行专门修复，效果非常好，真不愧是“裂缝修复专家”。

除此以外，我们还合理地将统筹学应用到养护施工中。我们将所有工人分成两组，一组专门负责操纵“修路王”加热路面，另一组则负责其他各道工序，当“修路王”加热下一处路病时，前一处各后续工序同步进行，如此一来，施工效率大大提高，一天至少可以修补二三十处路病。

PM220“修路王”是反射裂缝修复专家

英达“修路王”，治理桥头跳车真“有一套”

江苏省宜兴市龙背山园林建设有限公司施工班组队长　许健

许健

宜兴濒临太湖，河流密布、桥梁众多，桥头跳车的发病率很高。

采用传统方式治理桥头跳车，需把沉陷处路面全部铣刨掉，再重新摊铺新料，但由于桥头连接处存在铣刨刀头无法达到的“盲区”，因此连接处也很难平顺，跳车现象仍难以避免。

用英达“修路王”对桥头沉陷处路面进行加热并耙松，能够有效治理桥头跳车。经过修复，桥头恢复平整和密实，消除高低落差，治理效果良好。

2009年，世纪大桥两头连接处发生了严重沉陷变形，沉陷总面积达到150平方米，最大落差达到10厘米以上，用“修路王”三天就处理好了。

宜兴濒临太湖，是一个风景优美的小城，市区内河流密布、纵横交叉，这方便了农作物生长、灌溉，但对我们道路养护工作者来说却未必是好消息。

有河的地方就有桥，有桥的地方就避免不了出现桥头跳车现象。这是一种“难治理、易复发”的路病，困扰了我们很多年。宜兴有215条河道，主干河就有14条，由此带来的桥头跳车问题日益严重。

道路与桥面连接的位置无法压实，很容易产生沉陷，与桥面产生沉降差，车辆通过时会产生颠簸，这就是我们通常所说的桥头跳车现象。采用传统方式施工时，只能先将沉陷处路面全部铣刨掉，再重新铺上新料，但由于桥头连接处存在铣刨刀头无法达到的“盲区”，即使铣刨施工完成了，连接处也很难平顺，路面与桥面之间仍会存在一定落差，跳车现象仍难以避免。

2008年，我们公司买来一台英达“修路王”，一次偶然的机会，我们将“修路王”用到桥头沉陷治理当中，偶然的尝试却收到了意外的效果。由于“修路王”能够对路面进行充分加热，又可以对路面进行耙松，充分保证了接头处的平整和密实，完全消除了施工后路面与桥面之间的高低落差，车辆行驶变得更加顺畅。

2009年，世纪大桥两头连接处发生了严重沉陷变形，沉陷总面积达到150平方米，最大落差达到10厘米以上，严重威胁着来往车辆的行车安全。后来我们使用“修路王”仅用了三天时间就将此处严重沉陷修复完成，不需要加班。经过“修路王”的精心治理，两头的连接处非常平顺，没有任何落差。

后来我们在与英达公司技术人员沟通中了解到，“修路王”采用了英达热再生独有的层间热黏结技术，能够把施工后路面和原路面牢牢地“焊”接成一个整体，从而提升路面整体的抗剪切变形能力。路面不容易产生沉陷，桥头跳车的现象自然就减少了。

现在，再遇到桥头跳车时，我们都是请“修路王”出马，立刻就能搞定路病。

“修路王”功能强大，并不只是治理桥头跳车有优势，例如城市里最常见的井盖问题，用“修路王”治理也能做到又快又好。

宜兴街头，“修路王”正在进行养护施工

英达“修路王”，治理水损害有高招

广东广佛高速操作手　郭强

广佛高速公路是全国车流量最大的高速公路及珠江三角洲最重要的交通主干线之一，不便进行大修，所以日常的养护就格外重要。“修路王”的主要工作就是“防微杜渐”。

广佛高速公路上，翻浆、裂缝、坑槽等路病频频出现，我们每天的工作就是检查、治理高速公路上各种小毛病，随治随走。应对这种工作，最重要的是设备轻便，使用方便，转场灵活。

南方雨水多，造成的路面水损害也多，“修路王”的加热墙可以有效消除弱接缝、弱界面，大大提升了路面的封水性能。

广佛高速公路始建于1989年，是我国最早的高速公路之一。对于一条路龄长达20年的“老高速”来说，保养需要更加用心和仔细。我做公路养护已经有十多年了，曾经就是负责“修路王”的操作，积累了一定的经验，后来由于工作调动，暂别了使用多年的“修路王”。 2011年年初，由于雨水频繁，路面损坏严重，我再次被调回“修路王”小组，再次看到当年的“老搭档”，心里有种特别的亲切感。

广佛高速公路通车二十年来，已经成为全国车流量最大的高速公路及珠江三角洲最重要的交通主干线之一。原来这里是著名的“肠梗阻”，经过多次扩建，已经从原本的双向四车道扩充到现在的双向八车道。对于这样一条交通要道，不便进行大修，所以日常的养护就显得格外重要。“修路王”的主要工作就是“防微杜渐”。我们虽然每天只是进行小修小补，但意义却是十分重大的。

二十年风雨，广佛高速不可避免地出现了一些较为严重的路病，如路基不稳定，翻浆、裂缝、坑槽频频出现。我们每天的工作就是检查、治理高速公路上各种小毛病，随治随走。应对这种工作，最重要的是设备轻便，使用方便，转场灵活。传统工艺需要的施工设备多，而且体积庞大，转场不方便，不仅会消耗大量的人力物力，也会对路病修复效率产生影响。

离开“修路王”的这几年间，我也接触过一些其他养护设备，比如说沥青混合料保温车，但使用这种设备需要自带液压镐、压路机等设备，施工时先对原来坏损路面进行破除，添加新料，再动用压路机压实，没办法像“修路王”这么全面，一台设备搞定。现在用“修路王”，每天修十多处路病绝对不成问题，平均治理一个路病还不到半个小时，效率特别高。

另外，这个“老搭档”的加热墙非常实用。南方雨水多，冬季寒冷、夏季炎热都不怕，就怕下雨天。如果沥青路面封水性能不好，或是有小裂缝，雨水一旦下渗就会造成路病集中爆发。但有了“修路王”的加热墙，就可以对路病周边及下层路面一并烘烤，这样施工后路面与原路面“焊接”成为一个整体，大大提升了路面的封水性能。

使用“修路王”这么久，我仍然没能像英达公司的师傅一样技术纯熟，但我相信，经过不断地磨合，我一定会发现并运用“修路王”更多的优点，更好地对路病进行治理。

郭强正在检查刚由“修路王”修好的路面

有了英达“修路王”，治理桥头裂缝、沉陷再也不头疼

广东晶通汕汾高速养护处队长　周广才

汕汾高速公路上桥梁多达117座，桥头的连接处裂缝、沉陷问题最为棘手。这里桥头连接处的裂缝一般都较狭长，甚至一条横向裂缝覆盖所有车道，修理起来耗时耗力。

使用传统工艺治理，只能用人工一点点挖除，然后再修补。用“修路王”修补一条跨越两股车道的横向裂缝，最多只要一小时就能完成，而传统工艺仅挖除就需一小时。

周广才

汕汾高速公路于2001年建成通车，作为同（江）三（亚）国道主干线在广东境内的重要路段，汕汾高速公路是沟通粤闽两省以及潮汕地区之间的经济大动脉，它的建成通车大大缩短了粤闽两省的距离。相关统计显示，近年来过往这条高速公路的日均车流量已达到近两万辆。

我负责汕汾高速公路的养护工作已经有五六年了。随着时间的推移，这条高速公路的路面老化日益严重，坑槽、翻浆、裂缝等路病时有发生。这条公路上的所有“疑难杂症”都是靠这台英达“修路王”治理好的。

近年来，由于路面老化严重，一遇到雨水，坑槽就会出现。每到广东连续阴雨的季节，坑槽往往会集中暴发，那时我们的养护任务就更重了。但现在再也不用担忧，因为“修路王”完全可以帮我快速有效地治理这些路病。

首先用“修路王”修补路病非常省料，“修路王”施工不打碎集料，可以对原路面材料进行100%原价值循环再用，大大节约了新料。用“修路王”修路，一天工作八小时，处理十多处路病，仅需使用一车新料。另一方面，我们“修路王”小组是单车作业，方便快捷，转场迅速，所以可以

灵活安排修补任务。如果上午修补的路病都较小，那么下午我会根据沥青料的使用情况，尽量修补一些面积较大的路病。这样弹性控制用料，既不会出现新料用完，需要回去二次运料的情况，又不用担心加热好的沥青混合料用不完，造成浪费。

汕汾高速公路是国家两纵两横公路主骨架黑龙江同江至海南三亚国道主干线在广东境内的重要路段，是连接广东汕头、深圳及福建厦门三个经济特区的交通主干道，全长67公里。汕汾高速公路最大的特点就是大大小小的桥梁特别多，达117座，其中特大桥6座，大桥13座，中小桥98座，所以桥面路病也比一般高速公路要多出很多，尤其是桥头的连接处裂缝、沉陷问题最为棘手。

由于车辆的反复碾压，桥头连接处很容易产生裂缝。治理过桥头路病的同行都能了解，处理桥头问题十分麻烦，很多大型设备使不上劲，只能用人工一点点挖除，然后再修补。而且，我们这里桥头连接处的裂缝一般都较长，甚至一条横向裂缝覆盖所有车道，修理起来耗时耗力。用“修路王”修理这样的路病就显得非常方便，一般横跨整个车道的横向裂缝，我们也能直接用加热墙进行展开加热，修补一处桥头连接处的裂缝只需一个小时左右的时间。

有了“修路王”，修复桥头裂缝、沉陷等问题再也不是什么麻烦事了。

英达“修路王”，治理坑槽有高招

宁德高速公路养护工程有限公司操作手　林全木

使用“修路王”治理坑槽路病，有个“绝招”——二次加热。对耙松过的路面进行二次加热后，温度会更好地透到沥青混合料里层，加入新料，整平、压实后的路面质量更好。

2008年冬季，宁德高速公路遭遇大雪冰封，在拌和厂关闭的情况下，只有“修路王”的料仓可对沥青混合料进行加热保温，从而保证了冬季路面的正常维修。

林全木

宁德高速公路养护工程有限公司对其管理路段的每一处路病治理都提出了明确的质量要求：修补过的路面平整度要满足规范要求，且修补过的路面与原路面之间不能存在接缝。

我是宁德高速公路上的一名公路养护设备操作手。宁德高速公路的主要路病是龟裂和坑槽，坑槽路病占多数。这里的坑槽，一般在两平方米到六平方米不等。使用“修路王”四年多来，发现用它治理坑槽路病，有个“绝招”非常管用，那就是二次加热。

“修路王”常见的施工过程是用加热墙对路面进行加热，然后用疏松耙耙松，直接添加新料，整平、压实。经过长期实践，我发现对疏松耙耙松过的路面进行二次加热，温度会更好地渗透到沥青混合料里层，加入新料，整平、压实后的路面质量更好。另外，值得一提的就是“修路王”料仓独有的螺旋式下料方式，让出仓的沥青混合料更加均匀，可以有效避免离析现象，无形中也为摊铺质量加了分。

宁德高速公路全长有一百多公里，在这条路段上，加长型带拖挂的重型货车特别多，加上修建年代久远，路面老化严重，现在已经完全经不起雨水的冲刷了，一下雨，坑槽就会集中出现，养护的工作量很重。面对高强度的养护工作，如果想要按时完成、不加班，就需要人员和养护设备密切配合。“修路王”修路的高效率，着实为我们节省了不少时间，一般修补一个坑槽只需要二十分钟左右时间。

这四年多时间，“修路王”帮助我们处理过很多棘手问题。处理大面积交通事故造成的路面烧焦，用“修路王”加热后耙松就非常方便，一天可以修一百多平方米的路病。2008年冬季，宁德高速公路遭遇大雪冰封，“修路王”也加入“战斗”，用加热墙帮助路面迅速融雪，不仅方便快捷，也不会对路面造成损害。冬季拌和厂关闭，只有“修路王”的料仓可以对沥青混合料进行加热，同时还能起到保温的作用，保证了冬季路面的正常维修。

“修路王”道路养护车在我们这里可以实现真正的高利用率。以前单位也买过其他养护设备，但是在实际使用中存在一些问题，用一段时间后就废弃在一边。但购买了PM400“修路王”以后，一直用到现在，这全都得益于英达公司既是设备生产制造商，也是道路养护承包单位，只有了解客户需求，才能真正做到满足用户的实际需求。

PM400“修路王”能又快又好地完成路病的修复

治理桥面唧浆，用英达“修路王”

江苏现代路桥有限责任公司操作手　于亚东

我公司负责广靖锡澄高速公路、宁杭高速公路、锡张高速公路、宁常镇溧高速公路至润扬大桥段、锡宜高速公路、苏通大桥等多条路段的日常养护，工作量如此之大，我们仍能保质保量完成每天的工作，这多亏了英达“修路王”。

唧浆是多雨地区桥面的常见路病，如果采用传统工艺治理，积水难以清除干净，施工后会再次出现水损害。

用英达“修路王”治理桥面唧浆，可以充分利用加热墙的功能，既可将残留积水烤干，又能保证施工后路面热“焊接”效果，防止雨水下渗，可以减少水损害的发生。

于亚东

江苏现代路桥有限责任公司负责着苏南地区大部分高速公路的养护工作，广靖锡澄高速公路、宁杭高速公路、锡张高速公路、宁常镇溧高速公路至润扬大桥段、锡宜高速公路、苏通大桥等路段的日常养护全由我公司负责。工作量如此之大，我们仍能保质保量并且按时完成任务，这多亏了英达“修路王”。

说到“修路王”就不得不说它的恒温料仓。因为我们负责养护的路段较多，路程较远，如果采用传统工艺，往往不能满足远距离修补路病的需求，经常修补到一半的时候热料就冷了，或者修补到一半没料了，再返回拌和场装料。

使用“修路王”以后这个难题就解决了，基本上一车料就能满足一天的养护任务，中途很少需要往返加料。而且它自带的料仓内部还被分为六个小仓，能均匀加热，避免了热料的离析，提高了路病修补的质量。

唧浆是多雨地区高速公路、桥面遇到较多的路病之一，尤其是桥面遇到唧浆问题时比普通路面更难处理。由于桥面为混凝土结构，雨水很难下渗，往往沉积在路面面层以下，修复时如果无法将这些积水清除干净，水损害还会再次发生。我负责养护的扬溧高速公路上有一些桥面受重载车辆影响，通行仅一年多，每次一下雨就会出现唧浆，而且如果不及时修补，唧浆还会进一步发展成坑槽，严重威胁行车安全。

之前我们采用传统工艺施工，都是热料冷补，原本沉积在路面的积水根本无法清除干净，道路容易再次出现水损坏；再加上新添加的热料和原路面存在较大温差，修补过程中很容易形成弱接缝和弱界面，导致雨水下渗引起唧浆复发。经常是这里刚修好，那里又坏了，给我们的养护工作带来了很大难度。

英达“修路王”修复桥面唧浆很有一套。我们在修复的时候，一般先用加热墙进行加热，这样既能使路面沥青混合料充分软化，达到施工要求，又能将唧浆中的水分烤干，保证路面不会存在积水。此外，英达“修路王”特有的层间热黏结技术，还能使修补后的路面和原路面成为一个整体，消除了弱接缝和弱界面，提高了路面封水性能，下雨天路面唧浆复发的几率大大降低了。

除了唧浆外，桥面的常见路病还有坑槽，许多大面积的坑槽都集中在收费站附近。2010年6月，我接到紧急通知，南通收费站内广场出现一个30多平方米的坑槽，需要进行修复。但出现路病的位置正好是车辆向外通行的方向，要不停地放行，因此不能长时间施工以免影响交通。我和同事带着两辆“修路王”赶到路病现场，不到两个小时的时间就将坑槽修复好了。

由于简单高效且修复质量高，我们公司目前已经配备了多台“修路王”，其中有三台PM400和两台PM180“修路王”被用在了我们最需要的地方。

“修路王”治理桥面坑槽、唧浆等路病，质量很过硬

英达“修路王”，修复大面积网裂快捷又高效

江苏省南京市江宁公路站操作手　周健

在我养护的国道上，“修路王”仅用半个小时，就完成了一处近20平方米的网裂修复。

“修路王”的恒温料仓可一年四季随时提供优质的热沥青混合料，使道路养护工作不再受制于拌和场。

像坑槽这类路病，用“修路王”一天大概能修复15处，修复面积可达一百多平方米。

我从事路面养护工作六七年了，主要是对江宁周边的高速公路、国道和县道进行日常养护。2007年，我们公路站引进了一台英达PM400“修路王”后，我的工作压力减轻了许多。

江宁地处南京南部，以往以小、中型货车居多。但近几年，随着经济的发展，江宁的交通量也在不断增加，重载车辆增多，加上沥青路面开始出现老化现象，基层产生了一定程度的损坏，网裂、沉陷、坑槽和翻浆等路病时有发生。

我在日常道路养护过程中遇到的路病最多的就是网裂。重型车辆的碾压，加上基层疲劳，使路面的承载能力大大下降。使用传统工艺修补大面积网裂，不仅修复工序复杂，花费大量人力，还要耗费大量的时间。

用“修路王”进行修复，不但速度快，修复的质量也很高。这种加热、耙松后添加新料的施工方式，能使修复后的路面与原路面热黏结成一个整体，修复好的路病也不易复发了。它的加热墙还可以根据路病的情况选择分区加热，同时，可以进行左右旋转和横移，修复起大面积路病来操作方便。在我养护的国道上，“修路王”仅用半

“修路王”的恒温保温料仓，使养护工作不再受制于拌和场

个小时，就完成了一个20平方米左右的网裂修复。

“修路王”的恒温料仓也使我们的日常工作效率得到了很大提升。采用传统工艺进行修补的时候，往往受拌和场的限制，每天都要运够足量的料才能赶去路途较远的地方修补路病，但因为路途较远，热料变冷而影响修复质量的事情常常发生。“修路王”恒温料仓可以使热料一直保持作业所需的温度，不用担心热料变冷。像坑槽这类路病，用“修路王”一天大概能修复十五处，修复面积可达一百多平方米。热料可以随用随取，修复路病的机动性得到增强。

“修路王”提高了工作效率，降低了劳动强度，我们每天的工作都能轻松完成。

“修路王”提高工作效率，降低劳动强度

有了英达“修路王”，治理隧道、桥面伸缩缝不再成为难题

南京城建隧桥经营管理有限公司操作手　田义

我公司主要负责南京鼓楼隧道、玄武湖隧道、九华山隧道等七个隧道以及双桥门、赛虹桥两座立交桥的管养工作，工作中遇到的最大难题是对伸缩缝周边的路病修复。

治理伸缩缝周边路病，如果采取传统施工方式，首先需要对病害部位进行切割，而隧道里封闭作业，粉尘多，噪声大，危害工人身体健康。

英达“修路王”只需对路面进行加热、耙松、压实等过程就可完成整个修复工作，保证了质量，而且无粉尘、低噪声。

田义

我是南京城建隧桥经营管理有限公司的一名道路管养人员。我公司主要负责南京鼓楼隧道、玄武湖隧道、九华山隧道、模范马路隧道、西安门隧道、通济门隧道、集庆门隧道七个隧道和双桥门立交群、赛虹桥两座立交桥的管养工作。

在管养隧道和桥面工作中，遇到最多的路病就是伸缩缝周边路病，这是道路养护中的一大难题。这种路病，如果采用传统工艺修复，首先要用切割机将病害部位切割掉，但又不能切割到伸缩缝，给施工带来很大难度；而且切割机在隧道里封闭作业时噪声大，会产生很大回音，粉尘又多，严重影响着施工人员的身体健康。

自从有了“修路王”后，“难题”解决了。它的加热墙能发挥很好的加热效果，能使路面快速升温至施工温度，沥青面层得到充分软化，再用疏松耙进行耙松，完全不会伤害到伸缩缝，而且作业过程没有粉尘，噪声也小，不会影响城市环境和工人身体健康。

有一次，我们接到紧急任务，集庆门由北向南通行的隧道里一条伸缩缝处发生严重沉陷，车辆通行时非常颠簸，严重影响行车安全。我们到达现场后发现，这条由北向南通行的隧道里一共有四条伸缩缝，只有一进隧道口的那条破损比较严重。这主要是因为在进入隧道的时候，车辆会减速，待进入隧道后再加速，经常性行车制动再加上重型车辆的长期碾压，使得这条伸缩缝周围出现了开裂、沉陷。

在对伸缩缝进行适当保护后，我们首先使用“修路王”的加热墙对病害处进行循环加热，当加热至施工所需温度时，工人进行耙松、添加乳化沥青、加新料、碾压，路病很快就被修复好，丝毫没有对伸缩缝造成影响。

说到“修路王”，还要说一下它的自动加热恒温料仓。由于对隧道和桥面进行养护都放在夜间施工，在早上6点前结束作业，但夜间拌和场一般不生产热料，如果采用传统工艺，热料用完或变冷后就无法正常作业了，严重影响了养护工作。

“修路王”拥有一个大容积的料仓，可一次性修补多处路病，一车料足够一晚上修补用而不需要往返加料。我们都在夜间12点隧道封闭后进行施工，第二天早上6点收工，再也没有为缺乏热料发愁了。

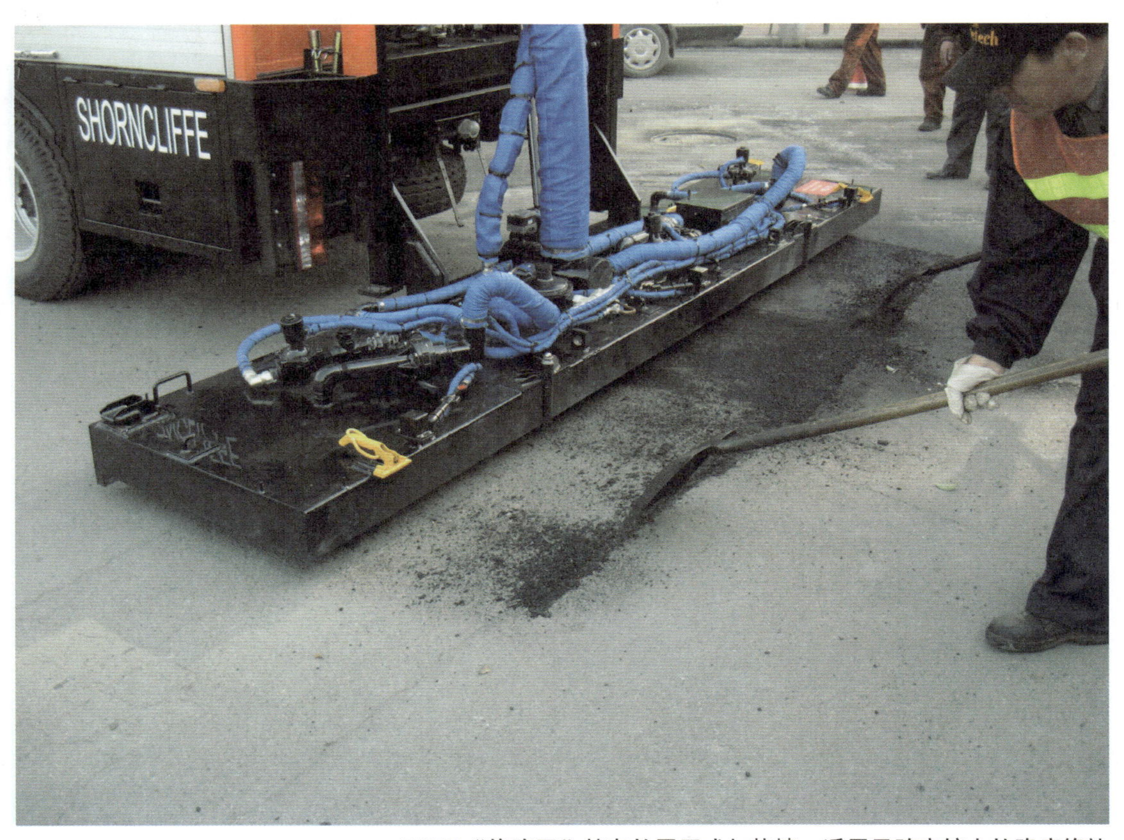

PM220“修路王”特有的展开式加热墙，适用于跨度较大的路病修补

有了英达“修路王”，再也不用担心窨井盖“坑”人了

江苏省南京市建邺区市政工程管理所操作手　杨林

城市道路窨井盖周边路病是市政道路养护的一大难题。

采用传统工艺治理，耗时耗力，修复一个窨井盖路病要大半天时间，质量也无法保证，且存在弱接缝和弱界面，遇到下雨或车辆碾压后，路病容易复发。这些问题在使用“修路王”后都得到了解决，路病复发周期大大延长。

2009年夏季，三个最深沉陷达5厘米的井盖，用“修路王”不到两小时就修好了。

我们管理所主要负责对南京建邺区市政道路的养护工作，所遇到最棘手的问题是窨井盖路病的治理。自从使用“修路王”以后，窨井盖治理已不再是难题了。

路面基础一般都是靠压路机等机械进行压实，而铺筑窨井盖时，周围路面只能用人工夯实，压实度不够，经过重载车辆的长期碾压或雨水下渗，窨井盖周围路面就会下陷，形成马路“肚脐眼”，不但影响市容，也给行车安全带来了极大隐患。

对付马路“肚脐眼”，如果采用传统工艺施工，要先将井盖周围沥青路面打碎，再填补大量新料，然后压实。井盖周边依然存在无法充分压实的问题，而且，由于施工后存在弱接缝和弱界面，遇到下雨及经过车辆碾压，路病很容易再度复发。

使用“修路王”修复井盖路病后，这些问题都得到了解决。英达“修路王”随车自带了一台小型手扶振动压路机，压实效果完全能够满足道路使用要求，而“修路王”的这种热补方式能将新旧路面牢牢地“焊接”成一个整体，“肚脐眼”问题能够有效缓解。

2009年夏季，兴隆大街上三个邻近的窨井盖周围路面都出现了不同程度的下沉，最严重的地方路面下沉达5厘米。车辆快速行驶至此时，车轮被颠离地面，非常危险。我和“修路王”在接到任务后快速出击，只花了一个小时就将这三个“坑”人的“肚脐眼”修好了。

建邺区内建有很多大型公共设施，高档住宅区密集，车流量很大，这也给我们的道路修补工作

带来了难题。

过去采用传统工艺修井盖，需要大型拖吊设备进场，要占据两股车道，还要避开交通高峰时期抢修，且这种修复方法耗时长，需要填补大量新料，一般修复一个窨井盖路病就要花半天的时间，耗费大量人力、物力。有了“修路王”以后，我们修复窨井盖周边路病的速度提高了很多，节省了时间，提高了施工质量，工作压力也减轻了不少。

看着“肚脐眼”一个一个减少，城市道路美观了，我们工作起来也就更有动力了。

“修路王”正在对井盖路病进行修复

英达“修路王”，修复坑槽有一套

江苏南京市江北公路管理站操作手　万祥伟

使用“修路王”以后，哪里有路病，“修路王”就开到哪里。2011年迎“国检”，“修路王”帮了大忙。

油迹造成的路面坑槽问题，采用传统工艺治理很难保证质量。由于油迹对沥青具有溶解作用，使施工后路面的弱接缝、弱界面问题更加严重。

英达“修路王”加热深度能达到路面下4～6厘米，解决了施工后路面接缝不良的问题，同时再通过喷洒乳化沥青，补充缺失的沥青，保证了施工质量。

万祥伟与“修路王”

我是南京市江北公路管理站的一名道路养护人员，2011年年初，我们站引进了一台高科技的修路设备——英达PM400“修路王”。说他高科技是因为只需要这一台设备就可以修复各种常见路病。刚开始，见惯了传统道路施工方式的我们对这台设备的功效一度持怀疑态度，但是经过一段时间的使用，“修路王”彻底改变了我的看法。

我所在的江北公路管理站平时主要负责对南京长江三桥、宁合高速公路和312国道路面进行维修保养。由于需要管养的高速公路数量多、路线长，之前采用传统作业方式修复时，常常受到拌和场的限制，总是上午修补一部分路病，中午回拌和场装料后下午再继续修补，中途要耽搁不少时间，总体养护效率低下。

使用“修路王”以后，哪里有路病，“修路王”就开到哪里，再也不用受拌和场的限制了。只要一车料就能满足一天的养护需求，避免来回加料的麻烦，效率也较以前有了很大提高。在2011年迎“国检”的“战斗”中，“修路王”的高效施工帮了大忙。

我在日常工作中遇到的主要路病是坑槽。除了雨水冲刷外，车辆滴油、漏油也会侵蚀路面，致使路面出现跑料，并最终形成坑槽。“修路王”修复油迹造成的坑槽病害也让我刮目相看。之前遇到这类问题我们都是使用传统工艺进行修复，将病害路面挖除，添加进新料后压实。但由于油迹对沥青具有溶解作用，会造成病害周围的沥青路面中混合料沥青膜脱落，影响施工后路面的黏结效果，修复后的路面接缝更加明显，路病也更容易复发。

英达“修路王”加热深度能达到路面下4～6厘米，保证病害周边路面与施工面的温度接近，形成温度的过渡带，解决了施工后路面接缝不良的问题，同时再通过喷洒乳化沥青，补充缺失的沥青，保证了施工质量。这样，接缝问题解决了，路面抗剪强度提高了，抗路病的能力也增强了。

治理“马路肚脐眼”，我们只用英达“修路王”

南京通达市政工程公司PM220操作手　朱海堂

传统工艺治理路病存在粉尘多、噪声大等问题，现在市民维权意识很强，因此既要保证道路维修的及时性，又不能扰民，在没有“修路王”之前根本无法做到。

用英达“修路王”修复井盖路病，由于新旧路面之间是热黏结，修复后井盖路病不易复发，而且修复速度快，一个井盖只要半小时就可完成修复。

江苏南京通达市政工程公司“修路王”班组

2009年初，在南京市虎踞北路和定淮门大街交叉口，有两个并列紧靠的窨井盖因为长期遭车辆碾压发生严重破损并下沉，损坏面积近10平方米。使用“修路王”，4个人花了不到一个小时就处理好了，至今过去两年时间，这处路面还是保持得很好。

2010年，我们用“修路王”重点对南京市北京西路、西康路井盖问题进行了综合整治，沿途40多个井盖的下沉、破碎、损坏问题都得到了很好的治理。

我们公司负责了南京市鼓楼区市政道路养护。鼓楼区是南京市的政治和商业中心，江苏省委、省政府机关都设在这里，一直以来道路交通压力大，养护任务也很繁重。用了英达“修路王”，繁重的工作变得轻松了许多。到目前为止，我与“修路王”已经合作两年，感情深厚，在鼓楼区几乎每条道路都留下了我们的身影。

真正优秀的设备，仿佛具有人性，它总能满足你的各种需求。鼓楼区的道路路况比较复杂，要保证每条道路出现问题时都能及时处理，对于工人和设备的要求都很高。由于是在闹市区施工，最怕出现扬尘、噪声污染和交通拥堵等问题。如今，市民的维权意识特别强，施工时只要有尘土、噪声问题就会有人投诉，或者被媒体“曝光”。因此，既要保证道路维修的及时性，又不能扰民，在没有“修路王”之前根本无法做到。以前用传统工艺施工，要对路面进行破碎和开挖，一施工就扬尘漫天、噪声不绝，引起市民极大的反感。不仅如此，白天施工还要担心造成交通拥堵，晚上施工，噪声影响市民休息更是环保部门不允许的。自从有了“修路王”以后，这些问题都被轻轻松松解决了。

“修路王”刚买回来的时候，我们都奇怪，就靠这么一辆车就能完成道路养护？以前施工都需要液压镐、切割机、料车、压路机等好几台设备。后来经过专业培训和亲自上路实践后，我们才发现“修路王”确实靠谱。它的加热墙完全取代了以前的切割、破碎等工序，噪声降低了，扬尘消失了，市民投诉、媒体曝光也少了，而且它对原路面是100%原价值循环再用，只需要添加极少的新料就能完成路病修补。“修路王”还自带加热恒温料仓，保证了沥青混合料的供应，发现路病，随时修，随时走，很符合市政道路突发性抢修频繁的特点。冬季自来水经常“爆管”，需要开挖路面进行抢修，现在修完后的回填工作都是我和“修路王”来做的。以前要填土压路面，20平方米左右路面需要大半夜时间，用了“修路王”，不到两小时就回填好了。

城市道路的“肚脐眼”——窨井周围沉陷和开裂也是困扰我们的难题。过去用传统修复方法根本无法保证质量，修复后没多久又会再次出现裂缝和渗水，还得返工，养护成本增加。用英达“修路王”进行修复，手扶压路机完全能保证周边路面的压实效果，再加上修补后路面能与原路面黏成一个整体，大大提高了施工质量，路病不易复发。

2009年初，在南京虎踞北路和定淮门大街交叉口，有两个并列紧靠的窨井盖因为长期遭车辆碾压发生严重破损下沉，损坏面积近10平方米。由于路病地处十字路口，给过往行人和车辆造成严重的安全隐患，曾经有许多骑车人在此摔倒。如果用传统方式进行修复，需要封闭交通，动用十几名工人和多台设备对病害路面进行切割破碎，之后进行新料的回填和压实，修好这两个井盖需要好几个小时，如此重要的路段封闭交通达数小时，造成的恶劣影响可想而知。而且传统施工，修复质量并不理想，治理后过不多久路病会再次复发，问题依然存在。用“修路王”进行处理情况就完全不同：由于“修路王”单台设备作业，作业占用空间小，无需封闭施工，施工时车辆依然可以通行；而且“修路王”的工作效率极高，4个人不到一个小时就把这一处严重的病害处理妥善；再者，“修路王”施工质量过硬，此处路病修缮至今已有两年以上的时间，尽管道路承担着巨大车流量压力，但路病并没有因此而复发，“修路王”的治理效果确实值得称道。

2010年，我们用“修路王”重点对南京市北京西路、西康路井盖问题进行了综合整治，沿途40多个井盖的下沉、破碎、损坏问题都得到了很好的治理。

环保效益
与成本控制

用英达“修路王”，降低了综合养护成本

重庆市涪陵区市政工程管理处维护科科长　何睦

过去，由于缺乏有效的养护设备，路面上小范围路病我们通常都是听之任之，等到路病发展到一定规模、路面损坏较为严重或出现的路病较多时，我们才进行集中治理，严重影响了通车质量和行车安全。自从我们引进了PM220“修路王”以后，这种情况才得到根本改观。

英达“修路王”是方便、快捷、综合能力强的养护设备，用于日常养护工作十分管用。

都说“重视日常养护，可大幅降低综合养护成本”，可是在我们涪陵区市政道路养护工作中，日常养护工作一直以来却未得到足够重视。

过去，由于缺乏有效的养护设备，路面上小范围路病我们通常都是听之任之，等到路病发展到一定规模、路面损坏较为严重或出现的路病较多时，我们才进行集中治理，严重影响了通车质量和行车安全。因此，以往我们通常每半年就需要进行一次综合性养护，也在无形中增加了养护成本，这个问题一直以来都是我们的一大困扰。

直到2010年10月，我们从英达公司引进了一台PM220“修路王”以后，这种情况才得到根本改观。英达“修路王”的到岗解决了我们由于缺乏养护设备而无法对路面进行有效日常养护的问题。

英达“修路王”是一种方便、快捷的道路综合性养护设备，其自带的加热保温料仓能够为日常养护提供足够的优质热料，解决了养护施工常常受拌和场供料限制的问题。“修路王”的加热墙能够对路面进行充分加热、软化，从而使路面容易耙松，不再需要破碎及铣刨设备，简化了养护施工流程，也降低了劳动强度。“修路王”还配备了一台手扶式振动压路机，其功率完全可以满足施工要求，摆脱了施工对大型压路机的依赖。

英达“修路王”也是一种能够提升路面施工质量的沥青道路养护设备，其中英达公司独特的层间热黏结技术发挥了重要作用。用英达“修路王”施工后的路面消除了传统施工无法避免的弱接缝与弱界面问题，施工质量大大提升，延长了路病复发周期。自从使用“修路王”以后，我们养护的道路状况有了明显改善，对综合性养护的需要也明显减少。

位于涪陵区中心地段的滨江路、三环路是涪陵区重要的交通主干道，也正是由于交通压力较

大，路面更加容易出现各种路病，如路面沉降、龟裂等。过去，我们只能等到这些路病发展到一定规模、一定数量时才一并进行处理，严重影响了这些道路的通车质量和行车安全。但现在，有了英达“修路王”，只要出现路病，我们就立马出动进行修复，不再听任其“发展壮大”了。

现在，“修路王”每天都奔波于涪陵区各市政道路之间，及时修缮各种路病，减少了道路综合养护次数，养护成本也得到了有效控制。

自从有了“修路王”，只要出现路病就能及时修复

英达“修路王”的加热墙，省料又优质

安徽省中成建设工程有限公司经理　刘毛磊

使用英达“修路王”进行日常养护，和传统的施工方式相比，可以节省新料80%以上。

英达加热墙可以消除弱接缝、弱界面，保证了施工质量。

“修路王”治理坑槽，是其他任何设备无法比拟的。

2007年7月，我们通过竞标从安徽省高速公路控股集团有限公司获得了京台高速公路合徐南段（即合徐高速公路）全长120多公里的日常养护任务，同时，为了确保养护质量及效率，安徽高速集团蚌埠管理处将其从英达公司采购的一台PM400“修路王”交给我们使用。

自2007年以来，一直是由我负责这台设备的管理，四年多的使用，我也积累了一些经验，但我最喜欢的还是这台设备的加热墙。

自从使用英达“修路王”以来，几乎每天我们都在用这台设备进行路面维修，它给我们带来了巨大的经济效益。使用“修路王”可以节省大量原材料，这主要得益于加热墙出色的间歇式热辐射加热效果。

过去采用传统热料冷补工艺进行路面修复，需要将原路面材料全部挖除，开挖的深度最少需要4厘米，挖除后需要添加同等量的新料，材料浪费很严重。但自从用了英达“修路王”，我们只要用加热墙对路面进行“烘烤”，然后耙松、洒上乳化沥青，这样修路时只要添加很少的新料就可以了，根据我们的测算，这种施工方式能省下大约80%的新料，效益非常明显。

当然，我们也绝不能让省料变成“偷工减料”，英达“修路王”带来的施工质量也跟其加热墙密不可分。

谈施工质量，首先不得不说的是施工后路面的接缝问题，大多数用过“修路王”的同行都能够感同身受。传统冷补施工，施工后路面存在弱接缝、弱界面，这一问题始终无法避免，而这些问题的存在恰恰给雨水留下可乘之机。就拿唧浆路病来说，原本施工前路面唧浆只是一个点状路病，采用冷补施工后，由于四边弱接缝，雨水会通过接缝下渗，从而导致四边出现唧浆，进一步通过弱界面将新铺的路面完全毁坏，路病范围反而被扩大，严重时还会对基层造成严重危害。

有了英达“修路王”，这一情况不会发生了。“修路王”的加热墙可以实现施工后路面与原路面之间的“热黏结”，消除弱接缝和弱界面，施工后路面与原路面之间形成一个整体，雨水找不到“入侵”的点，修复后的质量自然就比冷补好得多。尽管对于已经深入发展到基层的唧浆问题，必须先处理基层然后再使用“修路王”进行面层修复，但“修路王”延长道路使用寿命的作用仍然是十分明显的。

其实，在我们的日常养护工作中，最能发挥“修路王”作用的还是对坑槽的治理，这是其他任何工艺无可比拟的。在原本就比较平整的路面治理坑槽，用“修路王”施工后的路面平整度能做到与新路无异。

总而言之，英达“修路王”真是一台很不错的日常养护设备，现在我们对合徐高速公路的养护工作获得了业主的高度认可。我们的“修路王”每天都奔走在全长120多公里的合徐高速公路上，为保证道路的安全运营而工作着。

“修路王”正在对路面坑槽路病进行修复

英达“修路王”，省料环保赞一个

江苏宁沪高速公路股份有限公司镇江养护处　陈立和

英达“修路王”修复路病十分方便快捷，一个坑槽用一台“修路王”、三名工人花上半个小时就能修补好，而且修复后的路面平整、美观，路面封水性能也提高了，路病不易复发。

“修路王”既节省用料又环保，可以对原路面材料100%原价值循环利用，试想一下，光治理坑槽一种路病一年就能节省多少新料啊！

1999年，我处购买了两台PM400“修路王”，由于使用效果良好，2002年又买了一台。

长三角是我国目前经济发展速度最快、经济总量规模最大、最具有发展潜力的经济板块之一。沪宁高速公路作为连接整个长三角城市群的交通要道，自1996年建成通车以来，车流量每年都以高于20%的比例递增，虽然经过几次扩建，交通负荷压力仍然无法缓解。

我们养护处负责宁沪高速公路镇江段的养护工作。由于路面长期超负荷运行，再加上大量超载货车通行，使得高速公路路面遭到一定程度的损坏。加上南方雨水多，雨水下渗对路基造成一定的损坏，通车一年后，路面就出现了坑槽、裂缝、沉陷等病害。

为应对这些频发、易发的路病，1999年，我处购买了两台PM400“修路王”。在使用过程中我发现，“修路王”修复路病十分方便快捷。比如修复高速公路上常见的坑槽，一个坑槽用一台“修路王”、三名工人花上半个小时就能修补好，而且修复后的路面平整、美观，路面封水性能也提高了，路病不易复发。由于使用效果良好，2002年，我们镇江养护处又引进了一台英达“修路王”，以进一步提高养护水平。

在我们负责养护的这个路段，由于车祸引起的大面积路面烧伤问题比较频繁。给我印象最深的一次，一辆油罐车侧翻，导致柴油泄漏起火，路面大面积烧伤。我们赶到现场才发现，这次路面烧毁情况十分严重，烧毁路面长度有十几米，面积达一百多平方米，路面表层的沥青混合料完全被烧焦了，必须全部清除后再补充新料。我们首先使用“修路王”加热墙对病害处进行反复加热，当表层沥青路面达到耙松温度时，再耙松、铲除表层被烧焦的沥青料，然后进行后续的摊铺、压实工作，仅用了一天的时间就把这块路病修好了。

时代进步了，现在什么都讲究节约、环保。除了便捷、高效外，我对“修路王”最满意的就是它的节约和环保效益。如果使用传统的方式修补坑槽，把挖除的废料直接丢弃，这样不仅需要添加很多新料，而且清扫、运送废料的过程也很费力、耗时。对于普通路病，“修路王”可以对原路面材料100%原价值循环利用，大大节省了新料的使用量。如此一来，对于年限较长、路病频发的道路，光日常养护一项就能节约大量新料。

为了提高修补路病的速度和效率，我们还请英达公司的师傅给我们的操作手进行了专门培训，内容包括使用过程中经常遇到的问题、怎样修复更快、各种路病的修路技巧等，现在我们修补路病的技术更上了一层楼。

用“修路王”修路，效率高、质量好，而且环保

用好英达“修路王”加热墙，实现旧料循环再用

安徽省现代路桥工程有限公司操作手　丁成生

如果能充分发挥加热墙的功效，可有效降低成本、提高养护效率、提升道路修复质量。

循环利用旧料的路面使用寿命比完全铺筑新料的路面更长。

作为一个有着十多年施工经验、操作过多种型号“修路王”的“老手”，我感触颇多，不过最想称赞的还是“修路王”的加热墙。

英达“修路王”是目前最先进的热再生日常养护设备，其中最关键的部件是加热墙。如果能充分发挥加热墙的功效，可有效地降低成本、提高养护效率、提升道路修复质量。

“修路王”工作流程是先用加热墙对路面进行充分加热，无需将原路面挖除，后续的施工中可以对这些被加热过的路面进行重新循环再用，只要添加进少量的新料就可以实现对路病的修复。从经济效益上来讲，这样的施工方式可以节省新料用量，为公司节约养护经费；从环保的角度讲，旧料循环利用可以节约资源，还可以避免废旧料带来的环境污染问题。

对于一般的路病，用加热墙加热十分钟左右就能够使路面充分软化，再加上耙松、洒布乳化沥青、添加新料、碾压等工序，完成一处路病治理最多也就二三十分钟。这与将路面破碎、清除废料、补充新料、压实

施工中充分发挥加热墙的功能，不仅提高效率、提升质量，还能节约成本

的传统施工方式相比，施工的效率提高了一倍以上。我们对合安高速公路安庆长江大桥上的三个坑槽进行抢修，一共花了不到两个小时的时间。这种应急性的快速抢修，要是采用传统工艺，根本无法做到。

在日常养护过程中，除了节约成本、提高效率外，很多人更关注的还是养护的质量。有人认为将旧料重新再用，路面的质量会不如铺上新料的质量，其实这是一个误区。这么多年来，我一直坚持对旧路面材料100%原价值循环利用，事实证明循环利用旧料的路面完全能够满足正常的使用要求，而且路面使用寿命更长。

充分发挥加热墙的功效还能消除传统工艺存在的弱接缝和弱界面，使施工后的路面与原路面形成一个整体，更耐得住雨水的侵蚀和车辆的碾压。这一优势对于合安高速公路这种建成时间久、车流量大的高速公路，作用更加明显。

充分利用加热墙，不仅能使旧料循环利用，更能带来效率和质量的提高。

丁成生与“修路王”

英达“修路王”，文明城市的捍卫者

江苏省东台市市政养护管理所　孙国华

江苏省东台市是全国生态示范市、江苏省文明城市，但如果用传统工艺治理路病就显得与“生态”和“文明”就背道而驰了。

传统工艺治理路病，灰尘满天，机器轰鸣，有了“修路王”，这些问题都迎刃而解。

我是江苏省东台市市政养护管理所的一名市政道路养护工作者，自从我们所2010年年底引进了一台英达“修路王”，我就和它一起，做起了“城市美化工”。

有句话是专门评价我们东台的——“黄海明珠金东台”。自古以来东台就是交通要道，还是全国生态示范市、江苏省文明城市。这对每个东台人来说都是值得骄傲的事，但对我们道路养护人员来说，同时也带来了很大的压力。

作为一个旅游城市和文明城市，市政道路首先是一个城市面貌的体现。出现路病后，既要又快又好地修复，又不影响市容市貌，这是上级领导三令五申的要求，也是我们一直追求的目标。之前使用传统工艺，液压镐、切割机齐上阵，修起路来往往尘土满天飞，机器轰鸣，行人见到修路，都会捂着鼻子飞快地跑开。自从有了“修路王”，这种情况就没有再出现。

英达“修路王”用加热墙对路面进行加热，不再需要切割、破碎路面，粉尘、废料、噪声问题都得到了有效控制，再也不用担心修路会造成严重的环境污染问题了。

除了能减少对环境的污染外，“修路王”在路病修复方面功能也很强大。在市政道路的养护过程中，我遇到的路病主要是窨井盖、裂缝和壅包，其中窨井盖一直是最难治理的路病。

使用传统工艺治理窨井盖，一般先用灰土填筑基层，由于井盖周围呈圆弧形，周边路面始终存在难以压实的问题，经过车辆的反复碾压，路面很快会下沉。而上层的沥青路面在修复的过程中，新老路面间由于存在弱接缝，很容易再次崩裂进水，形成水损害。

用“修路王”治理窨井盖，只需要进行加热、耙松、碾压等简单程序，修复后的路面与原路面形成一个热黏结的统一整体，路面的抗剪性能和防水性能增强了，接缝处也达到跟原路面一样的效果，不但美观，还大大延长了路面的使用寿命。

自从有了“修路王”，我真正成了一名文明城市的捍卫者。“修路王”不愧是日常养护工作的好帮手！

“修路王”是日常养护工作的好帮手

新奇路病修补与“修路王”创新用法

新修路面缺陷修补，用英达“修路王”

镇江市市政设施管理处副主任　蒋展伟

新修路面存在缺陷问题，如窨井盖附近路面由于无法充分压实导致的不平整现象、装载机施工中对路面造成的破坏性坑槽、路面漏压产生的车轮印迹等，这些问题必须得到及时解决。

英达“修路王”让原本一直令我们头疼的新修路面缺陷难题得到了有效的解决。

2008年10月底，九华山支路改造完成，但不同工期施工的横向落差较为严重，最大处超过两厘米，我们用“修路王”进行了热再生修复后，路面没留下任何痕迹，而且路面与原路面的层间热黏结效果还充分保证了新建路面的品质。

蒋展伟

我处有一台英达PM180“修路王”，谈及“修路王”进行路病修复的经验，我们和其他一些城市相比算不上经验丰富，但我们在使用过程中发现了“修路王”的一个新用途——解决新修路面的缺陷问题，这点值得向同行们进行推荐。

近几年来，镇江市区很多道路进行了翻新改造，但这些道路在翻新过程中总是会出现各种各样的问题。譬如说，施工过程中，窨井盖附近路面由于无法充分压实，路面出现不平整的状况；又或者，装载机在施工过程中会对路面造成一些破坏性坑槽；另外，夜间施工时，受客观条件限制，路面漏压会产生车轮印迹等等，这些新修路面的缺陷始终困扰着我们。

以往我们都是采用传统方式进行修复，先将这些问题路面挖开然后再填补上新料，新修好的路面就像打上了“补丁”，不仅影响路面美观，还会由于弱接缝、弱界面的存在而降低路用性能。后来我们使用“修路王”后，这些问题都迎刃而解。

2008年10月，我们顺利完成了对九华山支路的改造，但不同工期施工的横向落差较为严重，最大处超过两厘米，过往车辆车速稍快就会出现跳车现象，存在着较大的安全隐患。过去我们只能用切割机将连接处切开再铺上新料，路面整体性就会遭到破坏，道路使用寿命也会缩短。后来我们用

“修路王”进行了热再生修补，情况发生了本质变化：“修路王”以其出色的加热效果将路面充分软化，再通过耙松、碾压等工序，顺利地完成施工，修复后的路面没留下任何痕迹，而且修复后路面与原路面的层间热黏结效果还充分保证了新建路面的品质。

英达“修路王”让原本一直令我们头疼的新修路面缺陷难题得到了有效解决，而且在我们的日常养护工作中，“修路王”也一直以其快速、环保、不扰民等特点发挥着重要作用。自从有了“修路王”，我处的各类养护工作开展得更加有效了。

PM180“修路王”的展开式加热墙，可对横跨一个车道的路病进行加热

英达“修路王”新功用
——解决立交桥桥墩周边壅包问题

苏州路达高等级公路养护公司工程部经理　万良兵

立交桥桥墩周边受车辆碾压，极易产生壅包一类路病。

由于紧邻桥墩位置，如果采用传统工艺治理，铣刨、切割及大型碾压设备难以施工，而且传统施工需要多台设备、转场不便、成本也高。

用英达“修路王”来解决这个问题就轻松多了，只要用“修路王”装上满满一车料，施工时对病害处加热施工，很轻松就能完成修复任务，仅需一台车，两三名工人，就可以完成道路施工。

立交桥，又称跨线桥，桥墩处周边路面受车辆碾压容易产生壅包等路病，由于紧邻桥墩，给修复施工带来了一定困难，再加上每座桥梁之间的距离较长，养护起来十分不便。

在我们公司负责养护的高速公路上就有几处跨线桥，这几座桥桥墩处的壅包路病长期以来一直困扰着我们。过去我们采用传统工艺治理，必须先切割病害路面，然后添加新料后压实，施工流程较为复杂，需出动多台设备，包括切割机、风镐、废料运输车、料车、工具车等。而且从一个施工地点赶到另一个施工地点往往需要“跋涉”数十公里，由于携带设备繁多，转场时会遇到诸多不便。此外，使用传统方式，养护成本也增加不少。

一直以来我们都在寻找解决这一问题的有效方法。直到2011年，我们尝试使用“修路王”来治理壅包路病，很多问题都迎刃而解。

我们公司拥有一台PM500和一台PM400“修路王”，过去，我们只用它们进行路面坑槽、裂缝等路病的日常性修补，修复路病速度快、质量好，大家都对路病的修补效果赞不绝口。如今，我们通过探索尝试，发现“修路王”在治理跨线桥桥墩周边的壅包问题上也效果显著。

这两台设备配备有间歇式热辐射加热墙和疏松耙，能够快速将病害路面加热软化、耙松，无需对路面进行铣刨，而且“修路王”自带的自动加热恒温料仓满足了施工过程中的热料需求，无需再专门配备料车，施工起来方便、快捷。在治理路病时，仅需一台“修路王”，再加上两三名工人，就可以完成施工。

前段时间，靠近太仓的一座跨线桥桥墩位置出现了比较严重的壅包，面积达120~130平方米，亟待解决。如果采用传统施工工艺，得出动大大小小七八种设备，而且病害位置离公司有近一个小时的车程，所耗费的施工成本将大大增加。如今“修路王”“单枪匹马”就完全能够搞定：先将路面加热、耙松，并将壅包突出部分的材料填补到路面沉陷处，再添加进少量新料后将路面压实，很快就完成了对路病的修复。

对于修复跨线桥桥墩周边的壅包路病，“修路王”不仅比传统铣刨的方式更节省人力、物力和节约成本，而且修复后的质量也更好。

“修路王”能使施工后路面实现“层间热黏结”，也就是说施工后路面与原路面被“焊接”成一个整体，路面抗剪强度提高，层间滑移的几率降低，路面壅包路病得到更加有效地遏制。

只要善于去尝试、发现、探索，总能在“修路王”身上找到最适合自己的功能。

万良兵在“修路王”施工现场

处理新旧路面接缝问题，就用英达“修路王”

江苏省南京市下关区瑞晟市政设备部部长　吕军华

南京市下关区属于老城区，很多道路使用年限长，路病多。“修路王”处理小路病，只需五六名工人就能轻松修复，不再像以前，到哪里都有“一大摊”设备过去，造成道路拥堵，常常遭遇市民投诉。

市政道路管养会遇到很多复杂以及突发情况，过去采用传统工艺施工时，热沥青料常常没法及时供应，“修路王”自带的加热保温料仓解决了应急抢修中的供料问题。

我公司从2009年开始使用这台英达PM220“修路王”，虽然只有短短两年时间，但它现在已经承担起南京市下关区大部分区属范围之内的道路养护工作了。

对于市政道路常见的坑槽、裂缝、井盖路病等，“修路王”都治理得非常出色。

处理新老路面之间的接缝带，“修路王”可以做到又经济又快捷。接缝带一般比较狭长，用“修路王”自带的可展开式加热墙可以一次性对一个车道的接缝进行加热，再通过简单的人工耙松、添加新料、压实整平，原来路面难看的接缝就消失了。

再拿治理井盖周边路病来说，“修路王”表现出来的最大特点就是修复后的路面质量好。传统工艺治理井盖问题，接缝处存在弱接缝，并且以前我们总是遇到井盖周边路面压不实、压不到位的问题。用“修路王”可以很好地对井盖周边路面进行加热，修补后沥青新料和旧料之间可以有效挤嵌成一个比较紧密的整体，“修路王”自带的小型压路机也解决了井盖周边路面压实问题。“修路王”修一个井盖只要半小时，效率也大大提高。

我们公司对道路养护非常重视，抓得很紧，会不定期地派专人进行巡查，只要发现路病，就会第一时间要求养护人员用“修路王”进行修补。

下关区属于南京老城区，很多道路使用年限长，路病多。“修路王”处理小路病，五六名工人就能轻松修复，不再像以前，到哪里都要带上切割机或液压镐，还要派出压路机、运料车、装载车等“一大摊”设备过去，造成道路拥堵，常常遭遇市民投诉。而“修路王”进行日常路面养护时，只要出动一台车就行，不会堵塞交通，修复速度也很快。

市政道路管养中会遇到很多复杂的情况，应急抢修的状况也是时有发生。要想路病“不过夜”，就只有“修路王”能做到。有很多次我们接到任务已经是夜晚了，面临拌和场关门、热沥青料没法供应的情况，这个时候有“修路王”的帮忙，问题就可以解决了。它自带的自动加热恒温料仓可以短时间内加热好所需热料，此外，它自带的小型压路机也可解决路面压实问题，这些便捷用途都是传统作业模式无法比拟的。

对于市政道路局部面积的修修补补，就用“修路王”——效率高、效果好。

“修路王”单台设备就能进行路病修复，对交通的影响非常小

有了“修路王”，-20℃也能“热补”修路

沈阳市政设施管理处“修路王”施工队长　李茂林

在沈阳，受积雪、冻胀及融雪剂腐蚀等因素的影响，冬季沥青路面经常发生病害。在过去，用传统工艺施工，无法保证低温下的施工质量，路病得不到及时有效的治理。但自从我们有了“修路王”，冬季也能修路了，即使沈阳晚上温度在-20℃以下，也能把道路修得又快又好。

过去，之所以冬季无法对路面进行养护，无非两个原因：一是拌和站冬季不开门，没有沥青料可用；二是即使有热沥青料，在冬天温度也下降得太快，摊铺到路上，没办法压实。同时，沥青混合料在运输途中，由于外界气温较低，紧靠外壁处沥青混合料的温度下降，造成温度离析，沥青混合料结块，将影响施工质量。但用了“修路王”之后，我们发现完全可以解决过去冬季不能施工的问题。

“修路王”自带的恒温料仓可以对冷料块进行加热，沥青拌和厂不开门照样有优质热沥青料可用，料仓的保温功能使得“修路王”在运输的过程中沥青料一直处于合适的施工温度，无需担心温度离析的问题。在摊铺、压实等工序之前，先用加热墙将路面加热至可耙松的温度，在这种情况下，摊铺的再生混合料和新沥青混合料不会快速冷却，充分保障了压实度，而英达“修路王”独有的热黏结技术，也为我们的施工质量提供了保障。冬季路病修复的质量和夏天一样好。

李茂林正在利用“修路王”的电脑控制系统操作加热墙

有了“修路王”后，市里给我们的养护效率提出了更高的要求，按照沈阳市规定，对于突发的路病，接到报修电话后，我们和“修路王”必须马上出发，在24小时内完成所有的抢修工作，这在以前，是无法想象的。即使

是在冬天最冷的时候，通过加热、耙松、添加新料、压实等工序，20多分钟就能完成一块路病的修复。而且这台设备不但施工速度快，而且机动、灵活，随修随走，我们经常一天修复面积超过100m²。

尽管已是严冬，李茂林和“修路王”依然忙碌

要想在-20℃下把路面维修好，经验非常重要，我们在长期实践中总结出了一些窍门，跟大家分享一下。例如，要根据当天的温度、病害路面的油石比等实际情况，对沥青料加热的时间做出正确的判断，如果温度很低，就要缩短间歇性加热的周期，同时，摊铺、压实的工序一定要快。掌握了这些窍门，就能保证冬季路面施工的质量。

李茂林与“修路王”

英达“修路王”，消灭城市“断头路”

江苏省张家港市市政设施管理处设备管理员　孙敏

从事市政道路养护工作的同仁都知道，一些公司的厂房或者新建小区门前的道路通常无法和主干道直接相连，出现一些城市里的“断头路”，这些问题需要我们及时解决。

采用传统工艺治理“断头路”，存在供料难和成本高的问题。

英达“修路王”的料仓任何时候都可以提供优质热料，经济、高效，完成一个道口铺设仅需半天时间。

2007年，张家港市市政设施管理处从英达公司引进了一台PM180“修路王”用于市政道路日常养护工作，从此，我们对市政道路的日常修补工作不再需要依赖其他设备及养护公司。

在“修路王”到岗以前，我们处由于缺乏专门的综合性道路养护设备，所有道路的日常养护工作都是由一些养护公司进行承包，但这种外包的方式成本高，而且施工效率低，对施工造成的一些负面影响我们也很难进行及时、有效地管控，这些问题一直困扰着我们。

为改变这种情况，管理处经过仔细探讨和研究，从英达公司购置了这台名为“修路王”的综合养护设备，使我们的养护实力迅速提升。凭借出色的施工效率、优异的施工质量，一台英达“修路王”配合两三名工人就能修复好常见的路病了。

随着张家港市政道路的翻新、改造工程越来越多，新路也越来越多，出现路病的频率降低。正当我们担心这台表现出色的“好伙伴”使用率会降低时，我们发现了“修路王”的另一个新用途——那就是进行部分新修的次干道向主干道合并时道口接入的修建工作。

从事市政道路养护工作的同仁都知道，一些公司

孙敏和他的“助手”——英达“修路王”

的厂房或者新建小区门前的道路通常无法和主干道直接相连，出现一些城市里的“断头路”，这些问题需要我们及时解决。

在过去，这些问题解决起来存在一定难度，道路接头处面积相对较小，直接从拌和场拉料成本较高，而且有时候拌和场停工，根本不可能为这么少的料而开工。“修路王”将这些问题一次性解决，只要准备好冷料块，提前放入料仓中加热，施工所需的热料可以随时供应。只要我们提前一晚将料块加入到料仓中充分加热，施工时我们预先铺筑好基层，再将热料摊铺至道路连接处，用“修路王”自带的手扶式压路机碾压，完成一个路口铺设只需要不到半天时间，而且避免了动用运料设备和压路机，经济、高效又环保。

现在，在我们的辖区内，这样的道口基本都是用“修路王”来铺设，随着张家港城市发展的脚步越来越快，我们每年通常需要铺几十处这样的道口，“修路王”发挥的作用越来越大了。

在张家港，“修路王”发挥着越来越大的作用

英达PM400还能“建”路，你知道吗?

福建三明畅祥公司尤溪养护站操作手　肖光源

我们这台PM400“修路王”不仅负责保养尤溪当地的公路，还多次被借调到福州、厦门、泰宁、大田等地进行道路养护。

自从引进“修路王”，冬季也能对路面进行养护。“修路王”的自动加热恒温料仓保证了冬天维修路面的沥青混合料供应。

2009年的时候，尤溪有一段公路入口处需要扩建，我们一行十位同事，在两天内用两台“修路王”将一百多平方米的路铺好了。

我从事公路养护工作已经有四五年时间了，平时主要负责尤溪本地公路的养护。2006年，我们公司就用上了英达PM400“修路王”进行公路养护。这台“修路王”不仅负责保养尤溪当地的公路，还多次被借调到福州、厦门、泰宁、大田等地进行道路养护。

据我所知，自从有了PM400“修路王”，我们养护站就基本没用过其他道路养护设备。以前没有英达“修路王”的时候，冬天拌和厂关门，我们既没有加热设备，也没有热料供应，出现路病就只能用冷料应急修补一下。由于冷料修补的效果不好，通常每隔一段时间就要对路面进行一次整体大规模整治出新，既增加了养护成本，也增加了工人的工作量。自从引进了“修路王”，冬季也能对路面进行养护施工了。“修路王”的自动加热恒温料仓非常管用，提前一晚设定好加热时间，第二天一早就可带着热料去修路。而英达间歇式热辐射加热墙即使在冬季也可以把施工路面加热到理想温度，很好地保证了施工质量。

2009年起，来往尤溪的车流量越来越大，再加上该路段重型车较多，有些路面在修建时没有完全压实，在车辆的反复碾压下出现了不同程度的下沉、坑槽路病。为了按时完成路病修复任务，就必须提高工作效率。说到工作效率，“修路王”修复将近100个坑槽，不到6小时就全部修复完。记得有一次坑槽出现非常集中，且天气较热，我们用“修路王”对路病进行加热、耙松、填补新料、整平、压实，有效地完成了修复工作。

使用PM400这么多年，给我留下了不少印象深刻的使用经历。2009年的时候，尤溪有一段公路入口处需要扩建，我们一行十位同事，在两天内用两台“修路王”将一百多平方米的路铺好了。我们首先向南平分公司借了一台PM400“修路王”，施工前一天下班时装好两车料，设置好加热时间，第二天早上五六点到施工现场将两车新沥青混合料全部卸下来，开始铺路。八点多钟就可以将这些料全部铺好、压实，九点再回到厂里重新装好料，等到下午一两点，再回到施工现场，料也加热好了，紧接着又是一轮摊铺、压实，傍晚五点左右就可以返回养护站了，还能准时下班。我们十个人通过合理分工，有效利用PM400的自动加热恒温料仓和手扶式振动压路机，在没有动用载货汽车运料和大型压路机的情况下，也能顺利“建”好一条一百多平方米的沥青路。

这台PM400“修路王”真的是小身材也有大用处啊！

“修路王”施工效率高，自带的大容积料仓解决了抢修中的供料问题

英达PM400“修路王”，光荣的雪灾“志愿者”

广东开阳高速操作手　李善淦

开阳高速公路总长125公里，养护任务异常繁重，要想提高工作效率，就必须在缩短单个路病的治理时间上下工夫。在这点上，“修路王”具有绝对的优势。

采用传统工艺进行高速公路路面养护时，都必须有另一台施工车配合，需要进行交通围封。而我们这里是单车作业，一台“修路王”加两三名操作手就能修复路病。通常，一个1.8米×1.2米左右、深度达到15厘米的坑槽，利用“修路王”进行修补，仅需半小时。

李善淦

我负责沈海高速公路开平到阳江段即开阳高速公路的养护工作。开阳高速公路建成于2003年8月，在当年修建的时候，由于成功将项目预算节省13.5%，节省投资多达6.6亿元而被称为“阳光之路”，受到各界的广泛关注。公司对建成后的公路养护要求也十分严格：在安全方面，要做到杜绝任何施工带来的安全隐患，确保施工安全；在施工方面，对我们更是高标准、严要求，“不仅要质量也要数量”。

开阳高速公路总长125公里，养护任务异常繁重，要想提高工作效率，就必须在缩短单个路病的治理时间上下工夫。在这点上，“修路王”具有绝对的优势。采用传统工艺进行高速公路路面养护时，都必须有另一台施工车配合，需要进行交通围封。而我们这里是单车作业，一台“修路王”加两三名操作手就能修复路病。通常，一个1.8米×1.2米左右、深度达到15厘米的坑槽，利用“修路王”进行修补，仅需半小时。

南方地区很多路病都是由于雨水造成的。开阳高速公路的翻浆、壅包、麻面、脱皮、坑槽等路病的形成也和雨水长期冲刷有关。

对于处理麻面和脱皮路面，英达“修路王”的加热墙加热效果特别好，既可以对路面进行充分加热，又不会烧焦路面，最大限度地减少沥青老化，同时，还可以对原路面材料实现100%原价值循环利用。PM400“修路王”自带的自动加热恒温料仓，有效避免了热料的烧焦和离析现象，方便四季使用，使修路不再受天气冷暖的影响。

2008年，南方出现特大冰雪灾害，京珠北高速公路和坪乳公路路面出现冰冻，南北交通中断，3.5万名旅客被困乳源、乐昌等地，当时全国各地很多企业都向受灾民众伸出了援助之手。我们英达“修路王”也成为一名光荣的“志愿者”，在除冰除雪时立了大功。它独有的间歇式热辐射加热墙不仅可以迅速融化高速上的冰雪，还不会对路面造成损害。如果用别的设备或方式进行除雪，比如铲雪车或撒盐，一方面会对路面造成损害，工业用盐也会对过往车辆的车轮造成腐蚀。

“修路王”在零下十几度也能正常运转，真是太“厉害”了！

“修路王”加热墙正在准备对破损路面进行加热

用英达“修路王”铺设新井盖，让德国专家大吃一惊

江苏省淮安市市政设施养护处操作手　王立军

一台“修路王”承担了整个淮安市区的道路养护重担，每天都要出车，使用率很高。

英达“修路王”是一台综合性强、功能强大的日常养护设备，一台设备就能独立修复各种路病，它的快速、高效是其独特优势。

2009年，我们养护处从英达公司采购了一台PM220“修路王”，从这以后，这台设备就承担起了整个淮安市市区道路的养护重担。由于我们养护处仅有此一台设备，它的任务重就不可避免，基本上每天都要出车，最多的时候每天要干十几个小时活。

英达“修路王”自带有加热系统、乳化沥青喷洒系统、保温料仓、压路机，一台设备就能独立修复各种路病，使用起来十分方便，一台车、两三个工人就可以完成道路养护。

英达“修路王”的施工质量在实践中得到检验。沥青路面最大的危害就是水，水损害对路面造成的影响是巨大的，尤其是在路面存在裂缝的情况下。然而，用传统工艺治理这些路病时，施工后路面必然存在弱接缝、弱界面，雨水很容易下渗到路面以下，对道路造成破坏，水损害就无法避免。但是用英达“修路王”就不一样，施工后路面与原路面能“焊”成一个整体，彻底消除了路面“补丁”，使道路更加美观，而且封水性能也得到了有效提高，其优异的施工质量在实践中得到了检验。

“修路王”施工后路面实现了层间热黏结，确保施工质量

在淮安，这台“修路王”的使用频率非常高，而给我留下最深印象的不是“修路”而是“造井”。

城市道路上的井盖问题一直是困扰市政部门的一大“顽疾”，不

仅让道路管养部门头疼，也让过往车辆、行人头疼。为改变这种状况，2010年淮安市购置了一批“洋井盖”——产自德国，据说可以防撬、防振，而且不变形、噪声小，能够极大地改善城市道路环境。但是，这种井盖需要德国专家负责指导安装，在德国专家迟迟未到的情况下，我们突发奇想，用“修路王”安装这些井盖。

我们利用“修路王”加热墙对井盖周边进行充分加热，然后摊铺新料，再压实，最后安放井盖，这样就完成了井盖的安装。等到德国专家过来，发现原本属于他们专利的东西已经被我们装好，他们也感到大吃一惊。

在我看来，英达“修路王”正悄悄地改变着我们的生活。

在淮安，英达“修路王”正悄悄地改变着人们的生活

其　他

英达“修路王”，不可或缺的好帮手

重庆市南岸区市政工程管理处设施科科长　邱烈财

自从引进“修路王”，它几乎每天都奔波在我们所管辖区域的道路上，每周的工作时间达到了五六十个小时。

英达“修路王”可以说是道路日常养护工作中的一大得力助手，对于路面局部路病、下水道进水口、检查井周边路面损害等问题，都能轻松应对。

“修路王”功能齐全，一台设备就能够独立完成各种路病的修复工作，一旦发现路病就可以立刻前去修复，跟传统施工工艺相比方便多了。

我们管理处自2010年8月从英达公司引进了一台PM500“修路王”后，这台设备就成为我们日常养护工作中不可或缺的好帮手。现在英达“修路王”几乎每天奔波在我们所管辖区域的道路上，每周的工作时间达到了五六十个小时。

英达“修路王”可以说是道路日常养护工作中的一大得力助手，对于路面局部路病、下水道进水口、检查井周边路面损害等问题，都能轻松应对。

在使用“修路王”的这十个多月时间里，我们也总结出一些它的优势所在：

首先，英达“修路王”使用起来方便、快捷，这一点很多使用过的同仁都能够感同身受。英达PM500“修路王”功能齐全，集加热墙、疏松耙、料仓、压路机于一体，能够独立完成各种路病的修复工作，一旦发现路病就可以立刻前去修复，跟传统施工工艺相比方便多了。

其次，使用英达“修路王”以后，道路养护施工不再受拌和场供料限制。英达PM500“修路王”配备有一个滚筒式的加热料仓，只要我们平时在料仓中多储备一些冷料块，半个小时内，就可以将冷料加热成可供直接使用的热料，无论是车辆行驶中还是施工过程中都能够加热，改变了过去每次施工都需要去拌和场拉料的方式。以往遇到拌和场不供料或者所提供的新料级配不符合施工需求时，施工就会被耽误，路病就不能得到及时修复，这也是长期以来我们无法进行一些应急性抢修的重要制约因素。

在过去，正是受到设备调度、供料等多方面限制，很多路病无法及时修复，不但无法满足社会对道路的使用需求，而且也容易使小路病逐渐发展成大路病，路面不得不在较短的周期内进行整体性整治出新。有了英达“修路王”以后，这种情况发生了明显改观。现在一旦发现路病，就可以马上进行修复。

经英达“修路王”修复后路面的质量也能得以保证。在采用传统工艺施工的时候，修好的路病过不了多久就会复发，主要是因为从拌和场拉来的新料与路面上的旧料之间存在着巨大的温差而无法形成有效的黏结，很容易在车辆碾压、雨水侵蚀下产生新的路病。英达“修路王”通过国际领先的间歇式热辐射加热路面、用疏松耙耙松后再添加新料的施工方式就完全不存在这个问题，施工后再生路面与原路面有效地挤嵌成一个整体，提高了路面的抗车辙能力。

总之，我们一直以来都非常依赖这台设备，在今后的实际操作中也会不断去总结经验，使操作水平不断提升，从而更好地发挥英达“修路王”的作用，用高效、优质、环保的道路养护新技术造福于民。

重庆街头，“修路王”先进的施工方式引起了市民的关注

英达“修路王”，实现对微表处路面路病的快速修复

安徽省合通交通工程有限公司经理　王素明

我们公司共有3台“修路王”，主要负责合宁高速公路、连霍高速公路等路段养护。

我们所养护的不少路段都曾采用过微表处工艺，这些路段都能用“修路王”进行日常养护，而且方便、快捷。

治理一般沥青路面，用“修路王”加热墙加热七八分钟，再耙松、添加乳化沥青、加入少量新料后压实就能完成对一处路病的修复，即使是对加热要求非常高的微表处路面，10～12分钟也可达到充分加热，整个施工过程也能控制在20分钟左右。

安徽省的高速公路养护机制与其他地区有所不同，主要都是由安徽省交投集团通过招标的方式将各高速公路分成不同标段承包给有实力的工程公司、养护公司进行维护，我公司也是通过中标的方式获得了长江以北几条主要高速公路的日常养护工程，包括合宁高速公路、合淮阜高速公路、合徐北高速公路、连霍高速公路等。

为了更好地进行高速公路日常养护工作，省交投集团集中采购了多台英达公司“修路王”，然后分配到各养护公司使用。而作为承包路段最多的一家公司，我公司被分配到的“修路王”也最多，仅仅属于我管理的就有3台“修路王”。

早在2004年，我们就开始使用英达“修路王”进行日常养护工作，在“修路王”养护施工中，给我留下的最深印象就是快捷，一般单个路病修复时间都能控制在20分钟以内。

一般来说，“修路王”通过将路面加热七八分钟，使路面充分软化，然后再耙松、添加乳化沥青、加入少量新料后压实即可，施工过程之流畅、速度之快、效率之高是过去采用传统工艺根本无法企及的。即使是对加热要求非常高的微表处路面进行施工，也能收到不错的效果，尽管和普通沥青路面相比，加热时间有所延长，但我们施工中通常也只需要10～12分钟就可实现对微表处路面的充分加热，整个施工过程也能控制在20分钟左右。

这一功能对我们来说有很大帮助，我们所养护的高速公路不少路段都曾采用过微表处工艺，如合宁高速公路曾在2005年采用微表处治理车辙；2007年，合徐高速公路也曾采用微表处治理车辙，

而这些路段都能用“修路王”进行日常养护，而且方便、快捷。

英达“修路王”施工还有一个特点，那就是环保，这里的环保一方面是指加热墙在加热过程中对烟雾的控制比较到位，不会造成空气污染，另一方面就是可以完全循环利用原路面材料，节约资源、保护生态。

英达“修路王”的加热墙在加热过程中能够有效地将路面温度控制在一个合理范围内，因此不会导致因沥青过度老化甚至烧焦而产生大量烟雾及有害气体，这对空气质量的保护至关重要。同时，通过充分加热，英达“修路王”施工中能够将原路面材料100%原价值循环利用，这一做法既避免了废料排放，又减少了新料添加量，是一个节约、环保一举两得的好措施。

总的来说，英达“修路王”是既快捷又环保的沥青路面日常养护设备，在我们的养护工作中起了非常重要的作用。

王素明

SMA路面养护施工就用英达“修路王”

宁波市公路局路桥工程处杭州湾跨海大桥养护中心经理　陈武伟

世界上最长的跨海大桥之一——杭州湾跨海大桥车流量大、通行要求高，“修路王”的到来提高了养护质量，加快了施工速度，降低了劳动强度。

杭州湾跨海大桥桥面是SMA路面，加热要求比普通沥青混合料更高，其他设备根本无法进行再生施工。英达“修路王”的加热墙采用的间歇性热辐射加热技术能对SMA路面进行充分加热，确保加热温度和加热深度达到施工要求，保证施工质量。

杭州湾跨海大桥是目前世界是最长的跨海大桥之一。我们杭州湾跨海大桥养护中心主要负责该桥桥面以及大桥南北两个服务区地面的日常养护工作。

杭州湾跨海大桥全长36公里，而且车流量大、通行要求高，养护任务非常艰巨。为了进一步提高养护水平，2010年7月，宁波市公路局从英达公司购进一台PM500“修路王”。这台设备一到来，立刻让人们感受到了它的与众不同——养护质量提高、施工速度加快、劳动强度降低。

道路日常养护与大中修有所不同，由于平时单次施工所消耗的沥青混合料较少，过去我们通常都是炒料，炒出的新料质量是决定施工质量的关键因素。而炒料的质量根本无法得到保证，因为加热不均匀导致出料很容易出现离析、结块或者烧焦等严重的质量问题，影响施工效果，甚至会导致施工中断。

英达PM500“修路王”采用间歇性热辐射加热的滚筒式料仓，能够在半小时内提供3吨优质热料，很好地解决了加热不均匀、出料离析等问题，为施工后路面质量提供保障。而且施工过程中，英达的加热墙也起了至关重要的作用，通过对病害路面充分加热，实现了施工后路面与原路面的层间热黏结，路面抗水损害能力和抗路病的能力都得以增强，这也是英达“修路王”保证质量的另一个重要方面。

此外，英达“修路王”带来的还不仅仅是质量上的优势。通过对路面充分加热，PM500“修路王”自带的疏松耙能够将路面轻松耙松，无需人工对路面进行破碎、清理等工序，施工速度更快，效率更高，而且工人的劳动强度大大降低，不再像过去每次施工完都弄得“灰头土脸”。

根据我们的测试，用英达“修路王”对单个路病进行加热只要15分钟左右的时间，完成整个施工也只需要20～25分钟，这样的速度和效率不仅是传统工艺无法相比，也是我所见过的其他厂家的同类设备所无法比拟的。尤其值得一提的是，“修路王”在治理SMA路面路病上的卓越效果。我们杭州湾大桥桥面建设时铺设的是SMA路面，这种路面材料使用的改性沥青添加有一定比例的橡胶成分，对加热的要求比普通沥青高。我所见过的其他同类设备不仅在施工速度上比不上英达“修路王”，甚至连顺利完成这种路面的施工都难以实现。英达“修路王”的加热墙采用的间歇性热辐射加热技术能对SMA路面进行充分加热，确保加热温度和加热深度达到施工要求，保证施工质量。在充分保证施工质量的情况下又能如此快捷，“修路王”给我们的日常养护工作带来极大帮助。

正是因为“修路王”具备这些优点，我们一直以来十分青睐这台设备。现在，只要发现路病，我们都选择 “修路王”去修。

杭州湾跨海大桥上，“修路王”正在对路病进行修复

英达“修路王”，淘汰了进口货

江苏宁沪高速公路股份有限公司无锡养护处设备管理员　陈驰

沪宁高速公路1997年购进第一台“修路王”，十几年过去了，很难找到一台设备像“修路王”那样高效、实用。

沪宁高速公路交通繁忙，不可能进行频繁的大中修，因此对日常养护的速度和质量都提出了很高的要求。“修路王”在路病修复方面的快速和高效满足了我们的高要求。

我是江苏宁沪高速公路股份有限公司无锡养护处的设备管理员。我们养护处1997年就从英达公司引进了一台PM400“修路王”，是最早用上“修路王”的单位之一。十几年过去了，这台“修路王”仍在我们的日常养护工作中发挥着无可替代的作用，根本没有其他的养护设备能够取代它。

沪宁高速公路于1996年建成通车，是江苏省第一条高速公路。作为连接经济高速发展的长三角城市群的交通主干线，交通压力巨大。尤其是自1999～2000年广靖锡澄高速公路、京沪高速公路等相继建成通车后，沪宁高速公路无锡段的车流量更是与日俱增，远远超出了设计时年增长6.1%的增长速度。

交通如此繁忙的高速公路，对养护效率及养护质量都提出了很高的要求。频繁的大中修是不可能的，这就要求我们格外注重日常维修保养工作。“修路王”在路病修复方面的快速和高效满足了我们的高要求。

“修路王”在日常养护方面的诸多优势主要得益于它的加热墙。利用“修路王”加热墙对路面进行加热，可以在瞬间产生强大热能，又不会烧焦路面，最大限度地减少了沥青老化现象。在最短的时间内使路面达到施工温度后，再用疏松耙对加热后路面进行耙松，添加适当新料，压实、整平，整个修复过程一般不超过半小时。在没用“修路王”之前，我们也曾经引进过一台美国生产拖挂式的养护设备，但这台设备因为没有加热墙，修补不便利，效率也低，自从“修路王”到来后，就被淘汰了。

在日常的道路修复中，我们遇到比较多的路病是裂缝、唧浆和坑槽。这些路病都是比较常见的，但是如果不能及时治理，小病也会变成大病。譬如说唧浆，如果不及时修复，时间一长就会形成坑槽。之前使用传统的挖补工艺进行施工时，每天一大早就要去拌和场装料，在挖补的过程中经常因为路病分散而导致热料变冷，最终影响修补质量。

有了“修路王”以后，它自带的自动加热恒温料仓，就像一个移动的拌和场，保证了沥青混合料的温度，我们再也不用担心热料变冷了。它内部还被分为6个小仓进行加热，也保证了出料的均匀性，有效避免了热料的烧焦和离析现象，解决了远距离作业、应急性抢修中热料的供应问题。

有了“修路王”，路病在哪里我们就去哪里，日常养护工作我们也可以轻松完成了。

陈驰

用英达“修路王”高质量养护取代传统工艺

四川省齐辉建设有限公司设备管理员　王武

近年来，由于城市大搞基建项目，进出城的重载车辆非常多，很容易对路面造成了损害，因此必须提升道路养护质量。

七八月份是成都双流地区的雨季，采用传统工艺修补后的路面，路病复发现象更加频繁。

“修路王”的到来大大提升了道路养护质量，提高了路面的封水性能，成为日常养护设备中的“顶梁柱”。

2010年11月，我公司引进了一台英达公司生产的PM220“修路王”，这台采用了目前世界上最先进的英达就地热再生技术的日常道路修补设备的到来，彻底改变了我们的日常养护方式。

过去，我们一直都采用将路面切割然后挖除再补充新料的传统方式进行施工，但这种施工方式存在明显的弊端，其中最大的问题就是质量问题。

我公司养护的范围包括双流县主城区及周边地区的所有道路，范围非常大，再加上近年来城市大搞基建项目，进出城的重载车辆非常多，很容易对路面造成损害。在这种情况下，如果不提升养护质量，路病就会不断复发，甚至会加重，这不仅增加了道路养护的压力，而且从经济效益的角度来看，存在极大浪费。

七八月份是成都双流地区的雨季，雨水频繁，采用传统工艺修补后的路面，由于存在明显接缝，在车辆碾压和雨水冲刷的作用下，路病复发现象更加频繁，往往养护施工的速度还跟不上路病爆发的速度。

这种情况在我们使用英达“修路王”后发生了彻底改观。因为使用“修路王”施工后路面的质量与传统的施工方式相比，具有明显的优势，仅从肉眼来看，用英达“修路王”修复后的路面不会像传统挖补后的路面一样，存在明显的“补丁”，接缝也不见了。

英达的这种工艺被称为“层间热黏结技术”，就是通过对路面进行充分加热、耙松、喷洒再生剂、添加新料、整平压料等工序，实现施工后路面与原路面之间的相互“挤嵌”，上下两层也被黏结成一个整体，这是英达质量保证的关键所在。通过这种有效的热黏结，避免了雨水入侵带来的水损害，路面封水性能明显提高。

英达“修路王”的到来对提升道路日常养护效率有着很大帮助，现在我公司负责管养的道路上出现的局部路病都会用英达“修路王”来修，尤其是坑槽、裂缝等。

英达PM220“修路王”还具有独特的针对横向裂缝的修复功能。PM220“修路王”的加热墙具有一项特殊的功效——展开式加热功能，正好覆盖一个车道，面对一般的横向裂缝均可以一次性完成修复，无需多次处理，这也为我们日常养护省了不少事。

由于英达“修路王”出色的施工效果，现在已经基本取代了传统的道路养护工艺，成为我公司目前日常养护工作中的“顶梁柱”。

功能齐全、质量优异的“修路王”成为双流市政道路养护的“顶梁柱”

使用英达“修路王”，延长高速公路使用寿命

江苏沿江高速公路有限公司　陈骏　李春雷　季敏

传统道路养护工艺对交通干扰大，耗费大量时间、人力、物力，而且修复通车后路面极易再度损坏，经常是一两个月后又要重新返工。

使用英达“修路王”，大大简化了施工工艺，减少了人力，降低了综合养护成本。

我们公司主要负责沿江高速公路苏州段日常养护工作。1998年，我们公司引进了一台PM400“修路王”，至今已使用十多年，“修路王”功能齐全，操作简单，能够大幅度提高养护工作的质量和效率，一直以来，这台“修路王”都是日常养护工作中不可或缺的好伙伴。

高速公路最常见的路病有坑槽、车辙、泛油、水损害等。长期实践经验表明，用传统工艺处理这些路病的时候，存在诸多不足之处。首先，传统工艺施工时要封闭病害路段交通，严重影响了车辆正常通行；其次，采用传统工艺施工，切割、清扫、喷洒乳化沥青、重铺新料、摊平压实，耗费了大量时间、人力，并动用多种设备，过程繁复；再次，热料冷补，新旧路面之间容易形成弱接缝，通车后路面容易再次损坏，经常很快就需要进行二次修补。

而有了“修路王”之后，这些问题通通迎刃而解。我们先用加热墙对病害路段进行加热，将路面加热至施工温度后，耙松、喷洒乳化沥青，再加入热的新料，用“修路王”自带的压路机将其压实，能够达到很好的修补效果。不但整个施工过程简洁、操作简便，而且节省大量人力、物力，养护的成本也可以有效降低。

经过十几年的使用，我们对“修路王”逐渐有了更深刻的了解。在施工的过程中，我们也不断总结经验，以便更充分发挥“修路王”优势，更好地修复路病，延长公路使用寿命。在此，也跟各位养护界同仁分享一下我们的经验。

首先是加热墙的使用。拿坑槽的修补来说，我们都是以“圆洞方补、斜洞正补”为原则。在使用加热墙进行加热的时候，我们发现，如果加热范围以病害外边缘为基础向外移8～10厘米，这样能保证新旧料之间的接缝完全是热接缝，通过这种特殊处理，修补后的路病更不易复发，公路的使用寿命也得到大大延长。

第二是加热时间。加热时间的长短直接决定了加热的效果，时间过短则不能达到需要的加热深度，时间过长则容易造成沥青的老化。路面铺设材料不同，加热时间也不相同，像传统的沥青路面，加热时间一般在6～8分钟，采用SMA作为铺装层的高等级公路，加热时间要更长，一般在10分钟左右。

第三是乳化沥青的使用量。不同的路病，乳化沥青的使用量也各不相同。像柴油、汽油等滴在路面造成的路面油污，因为柴油或汽油会溶解沥青，所以乳化沥青的用量要比一般情况多。

路病不同，修复的方式也不同。以上几点仅仅是我们在使用“修路王”过程中的一点心得，希望“修路王”真正在所有的道路养护中都发挥出作用来。

“修路王”施工中

我的好同事——英达“修路王”

河北冀星高速公路有限公司施工班长　李学兵

北京奥运会前夕，京石高速公路承担着运送奥运礼花的重任，上级领导下达了“全年全路段无坑槽”的死命令。

这期间多亏了英达“修路王”，它对发现的路病具有即时处理的应急抢修能力，保质保量地完成了养护任务。

在2008年年终的工作总结大会上，我和“修路王”获得了领导的高度评价。

2003年3月，我们单位来了一位新同事，“他”看起来很精神，橙色的外表、高高的个子，很结实、很魁梧，这位新同事就是我公司购买的现代化道路综合养护车——英达PM400“修路王”。在以后的工作中，我有幸带领着这位“新同事”奋战在我公司负责养护的各个路段，现在“修路王”已经成为我们日常养护中不可或缺的好“伙伴”。

记得，“修路王”刚来没多久，就和我一起被派到京石高速公路保定段工作，当时保定市路面状况不容乐观，坑槽、车辙等路病多、病害面积大。为了及时完成对该路面路病的整修工作，我们经常带着“修路王”加班加点，它的表现也让我们感到非常满意，不但能够快速修复小范围路病，而且在大面积路病面前也毫不示弱。“修路王”移动式加热功能能够一次性对几十甚至上百平方米路面进行修复，而且修复质量非常理想。正是凭借这样出色的表现，我们顺利地完成了对保定段的养护任务。

随着时间的推移，我和这位“伙伴”的配合越来越默契，养护工作也越来越得心应手，这些年来我们经常担当起重要活动前的养护任务。

2008年8月，国人期盼已久的奥运会来到中国、来到北京，这是我们中国人的骄傲，同时也是对我们国力的一次考验。

在这次奥运会期间，我们京石高速公路河北段的全体养护人也经受了严峻的考验。京石高速公路是河北省及周边各省进京的交通咽喉，也是广州、深圳等地北上京城的重要通道，还承担着运送奥运礼花的重任。上级领导要求我们“迎着困难，克服不确定因素，确保上路时间，随时发现问题随时上报随时处理”，并给我们下达了“全年全路段无坑槽”的死命令。

我和“修路王”当时负责的是全线任务最繁重的工区（北京至徐水段），总的养护里程达到70公里。这段路2002年之后就未曾进行过大修，路面状况复杂。冒着炎炎烈日，我和“修路王”每天巡视在这一路段，遇到问题立刻处理，直至奥运会顺利召开，路面不曾出现重大路病，实现公司提出的“全年全路段无坑槽”的目标，保质保量地完成了养护任务，为奥运会顺利召开贡献了自己的力量。

在2008年年终工作总结大会上，公司领导对我和“修路王”在2008年奥运会期间的工作成绩给予了高度肯定，“修路王”功不可没。

京石高速上，“修路王”正在巡视，随时准备进行路病修复

英达“修路王”，专项道路维修的“必备武器”

江苏省无锡市市政设施管理处设备管理员　徐敏捷

“修路王”已经成为我们专项道路维修的“必备武器”。比如城市井盖的修补、城市里远距离的路病修补、新修路面缺陷瑕疵修补等等。

用“修路王”治理井盖路病只需要10~15分钟就可以做到“无缝修补”。

治理城郊远距离路病，“修路王”特有的机动性、使用方便性，以及在远距离修路上体现的转场快速等独特优势，可以为施工单位节约成本。

对于道路大中修时留下的车辙印记，通过“修路王”的加热墙进行短暂加热后，再用自带的手扶振动式压路机压平，整个过程也不过十几分钟，非常实用、方便。

2004年，公司购买了一台英达“修路王”，它是我们这里引进的第一台高科技的公路养护车，由于该设备科技含量高，公司领导慎重考虑，决定让我学习操作这台设备。从那时开始，这台“修路王”便一直跟随着我，至今已走过了七个年头。可以说，英达“修路王”是我进公司接触的第一台“大型”公路养护设备。说它“大型”，并不是说体型庞大，而是指它的功能全面。

这台“修路王”七年里几乎处理过各种路病，比如城市井盖的修补，城市里远距离路病的修补，新修路面缺陷、瑕疵修补等等。经过多年实践，现在的它已经成为我们日常道路维修工作中的“必备武器”。

在长时间的使用中我们发现，“修路王”在治理井盖路病方面表现突出。做道路养护的人都知道，井盖周边路面是路病高发地带，由于车辆的碾压、沥青的老化，或是前期铺设质量等问题都会诱发井盖周边路面出现破裂、沉陷等路病。用“修路王”处理，经过加热、耙松、添加新料再到整平，只需要10～15分钟的时间。另外，值得骄傲的是，用“修路王”处理后的井盖美观度也非常好，表面平滑、整齐，无明显接缝，完全可以做到“无缝修补”。

另外，我们时常也要去处理一些城郊的路病。如果路病发生在我们管辖范围中靠外围的地方，用传统方式进行修补，需要调用切割机、压路机等多种设备，这样还需要投入几台平板车来装载这些设备。如果维修地点比较远，路病面积却很小，设备投入成本就非常大，显然“得不偿失”，而利用“修路王”去处理这样的路病，它的优势就明显体现出来。“修路王”特有的机动性、使用方便性，以及在远距离修路上体现的转场快速等独特优势，可以为施工单位节约成本。

另外，在对城市道路进行大中修的时候，大的压路机碾压过后会留下车辙印记。处理这种新修路的小缺陷、小瑕疵，通过“修路王”的加热墙进行充分加热后，再用自带的手扶式振动压路机压平，整个过程也不过十几分钟，非常实用、方便。

“修路王”最大的优点，也是养护工作者最关注的内容，那就是它的修补质量。

用传统“创可贴”式的维修方式，修复后不久，路面就开始微微隆起或者是出现凹面等路病复发迹象，并且修过的路面周边接缝明显，就像是给路面上贴上了一块“狗皮膏药”，非常影响道路形象。

“修路王”修过的路面在历经多年后平整度依然很好，抗剪强度比原来路面还要高。路面变得特别硬实，路病复发的几率也小很多。而用铣刨工艺处理的路病，无论是车辙还是裂缝，往往在3～5个月后就要进行重新修补。

无锡街头，“修路王”正在进行施工

英达“修路王”，市政道路的好“医生”

浙江省杭州市路桥有限公司设备管理员　王家军

杭州是长三角第二大经济城市，承载着中国东南交通枢纽的作用，我们杭州市路桥有限公司就是负责杭州市道路的管养。

“修路王”修补过杭州市大大小小数十条街道的各种路病，包括网裂、下沉、坑槽、铣刨后不平整的路面重新整平等，用“修路王”都可以实现方便、高效地治理。通常治理一个30平方米的路病，通过加热、翻松，添加新料，再到压实、整平，一般不超过一小时。

杭州市位于中国东南沿海北部，是浙江省省会，也是长三角地区第二大经济城市，东南沿海经济、金融、物流、文化中心。作为浙江省政治、经济、文化中心，杭州同时承载着中国东南交通枢纽的作用。

我所在的杭州市路桥有限公司，其一项主要职责就是负责杭州市道路的管养。俗话说：“上有天堂、下有苏杭”，2009年，公司为了让这个著名的旅游城市的道路养护逐渐走上环保、低碳、优质、高效之路，购置了一台英达PM220“修路王”，我也正式担负起这台设备的管理工作。

“修路王”在到来的两年多时间里，修补过杭州市大大小小数十条街道的各种路病，包括网裂、下沉、坑槽、铣刨后不平整的路面重新整平等。小到不足1平方米的路病，大到30多平方米的路病，用“修路王”都可以很方便、高效地治理好。通常治理一个30平方米的路病，通过加热、翻松，添加新料，再到压实、整平，一般不超过一小时。

与传统工艺相比，用“修路王”修复后路病的复发周期大大延长，这主要得益于“修路王”修路时会对路病及周围路面进行有效加热，然后添加少量新沥青混合料，原路面与新路面可以很好地“焊接”在一起，这点是用传统工艺做不到的。

其实，对于我们做日常养护的人来说，每天都是在做着小修小补的工作，“修路王”和我们一起，踏踏实实、默默无闻地在杭州的各条街道上忙碌。有的时候早上在城东修路，下午就要开到城西去，一来一回就是一两个小时。面对这样路病分散的情况，“修路王”的优势就凸显出来了：单车作业，集料仓、加热墙、压路机于一体，转场又简单、迅速。

目前看来，整个杭州市仅有一台“修路王”远远无法满足全市道路养护的需求，如果能给每个区都配备一台这样的养护设备，这样一来，可以大大减轻全杭州市道路养护的压力。

PM220“修路王”展开式加热墙提升了对横贯整条车道的沉陷路病的修复效率

英达“修路王”，城市道路局部路病医治专家

江苏南京玄武路桥公司操作手　白梅生

我们负责管养的红山路每天都有近20条公交线路经过，为了给车辆出行提供一个较好的行车环境，对路病的治理必须快速高效。

用英达“修路王”修复一个1～2平方米的路病，一般十几分钟就能轻松搞定，解决了红山路道路养护的问题。

红山路还有个特点，整条路井盖特别多。其中有一股车道，每隔几米就有一个井盖。井盖路病是“老大难”问题，很多设备都无法治理。用“修路王”治理井盖路病非常方便，一般只要半个小时，一个井盖路病就被治理好了。

近年来，随着南京市很多大型市政工程开工，低矮民房陆续拆迁，众多来来往往的运料车、渣土车都从红山路进出。在经常性、反复性的重型车碾压之下，红山路出现很多大大小小的坑槽，还有明显的沉陷路病。

我平时负责红山路道路养护，遇到这样数量多、爆发频繁的局部路病非常头痛。路面坑洼不平时，公交车驾驶员为了行车安全，即使是在上班高峰时间，也只能像蜗牛一样“爬行”，耽误乘客上班；同时，车流量大的时候，红绿灯多的路段还会造成车辆长时间拥堵。红山路每天过往的公交车非常多，有近20条公交线路途经这里。为了给车辆出行提供一个较好的行车环境，我们必须高效率地处理这些路病。用英达“修路王”修补效率就很高，一般一个1～2平方米的路病十几分钟就能轻松搞定。

用“修路王”治理局部路病，快速高效

红山路还有个特点，整条路井盖特别

多。其中有一股车道每隔几米就有一个井盖。面对市政道路养护的“老大难”问题——窨井盖周边路面沉陷，很多设备都无法治理。用“修路王”治理井盖路病非常方便，一般只要半个小时，一个井盖路病就被治理好了。

在使用“修路王”的过程中，我还发现了它的一种特殊用途。有的时候处理一些应急抢修路病时，在临时没有拌和好的沥青混合料的紧急情况下，“修路王”可以实现对原路面材料进行100%原价值循环利用，首先利用它的加热墙对病害路面原有的沥青混合料进行间歇式热辐射加热，通过耙松后再添加适当的乳化沥青，恢复原有路面材料的路用性能，经过压实、整平后道路就又可以恢复使用了。

作为日常小修设备，英达“修路王”功能强大，非常实用。

“修路王”能独立完成大面积的修复

获得“市政设施优质养护片”奖，英达“修路王”功不可没

江苏南京宇振市政工程有限公司操作手　钱之银

“修路王”省料，解决了冬季修路的难题。

“修路王”施工效率高，20分钟左右就可修复一处路病，一天可完成上百平方米路病的修复。

“修路王”修复裂缝，方便快捷。加热墙可以实现展开加热，轻轻松松就能完成对整条车道宽度的裂缝进行加热。

我们公司负责南京雨花区所有市政道路的养护工作。2009年我们公司引进了一台英达“修路王”，从此以后，我们区所有市政道路都是它“一肩挑”。

说起“修路王”，省料是它留给我最深的印象。在修复路病过程中，“修路王”能将原路面材料100%原价值循环利用，大大减少了添加新料的用量。

冬季气温低，在外面施工作业时，常常会遇到热料不够的问题。“修路王”配备的恒温料仓能对沥青混合料进行保温，有效解决了因天气冷而“断料”的难题。

此外，英达“修路王”修复路病速度很快。用加热墙加热病害路面5~6分钟，再经过耙松路面、喷洒乳化沥青、添加新料，共需5～6分钟，最后用压路机将路面压实，只需20分钟左右就可以完成一处路病的修复。按照这个速度，一天就可以完成上百平方米路病的修复。

在道路养护过程中，我遇到的最大难题就是对窨井盖周边路面下沉的治理。之前采用传统工艺修复这种路病的时候，大型的压路机压不了，窨井盖周边都是依靠人工进行压实。但人工压实强度不够，雨水冲刷后路面又会出现下沉现象。在我们负责养护的阅城大道上，十几个窨井盖都存在这种情况。

后来，“修路王”完美地解决了这个难题。用“修路王”进行修复，它的层间热黏结技术能将新旧路面黏结成一个整体，再用“修路王”自带的手扶振动式压路机进行压实，这样窨井盖周边的路面就牢牢地黏结在一起了，路面下沉的现象也不易复发了。

南京南站开始修建后，阅城大道车流量增大了许多。阅城大道上比较常见的路病是裂缝，用“修路王”修复裂缝，方便适用。它的加热墙可以展开加热，轻轻松松就能完成对整条车道的加热，修复起来又快又好。

2010年8月，南京市政工程行业协会组织开展了2010年度南京市“市政设施优质养护片”评选活动，经过报审、审核、现场检查和专家组商议后，共评出了15个2010年度南京市“市政设施优质养护片”，其中就包括由我们公司负责养护的阅城大道。

获此殊荣我们都感到非常欣慰，这个奖项的获得，“修路王”功不可没，没有“修路王”，我们不可能将阅城大道养护得这么好！

在市政道路养护中，“修路王”是不可或缺的好帮手

侃侃英达“修路王”的加热墙

江苏宁沪高速公路股份有限公司常州段操作手　谢叶锋

想要使英达“修路王”发挥出最大功效，用好加热墙是关键。

用好加热墙有以下几方面好处：一是可以独立治理大面积病害，降低劳动强度；二是实现对原路面材料100%原价值循环再用，节省新料，避免产生废料，节约材料成本；三是即使在冬天低气温条件下施工也能保证质量。

自2004年1月宁沪高速公路常州管理处购进一台英达PM400“修路王”以来，一直都是我负责操作这台设备。这些年来，我几乎每天都与“修路王”相伴，奔走在常州段的各个路病多发地段，七年来也积累了比较丰富的使用经验。

在我使用“修路王”的这些年里，我总结出一点——英达“修路王”的加热墙是其核心技术，要想用好“修路王”必须充分发挥加热墙的功能。

独立治理大面积病害，降低劳动强度

从事道路养护工作这么多年，我感觉这项工作并不轻松，尽管现在机械化水平越来越高，但道路养护施工对工人的体力消耗仍然很大，尤其是在没有使用“修路王”以前。

采用传统施工工艺进行施工时，无论是什么种类的路病都是先将路面开挖，然后将路面材料清除再填充上新料。使用液压镐破碎路面是一项很重的体力活，遇到面积较大的路病时，工人都会疲惫不堪。

如今英达“修路王”的加热墙完全能够满足施工的需要，我们只要确定病害路面面积，对病害路面进行间歇式热辐射加热后耙松、添加新料再压实路面就可以完成施工。比起破碎路面劳动强度降低了不少，工人也不用像以前那么辛苦，而且大面积的路病，“修路王”还可以进行移动式加热，省时省力，提高了工人劳动积极性。

实现对原路面材料100%原价值循环再用，节省新料

充分发挥加热墙的功能，另一个好处就是可以实现原路面材料100%原价值循环再用。利用加热墙对路面进行加热，可以保证原路面石料的完整性，做到不破坏集料，施工过程中只需要添加少量新料，节约了不少资源和成本。

传统工艺施工会对路面进行开挖，挖出的材料全部废弃，这样一方面造成环境污染，另一方面则需要添加等量的新料，造成资源浪费。

施工质量优，即使冬季施工也一样

充分发挥加热墙的功效，也是英达“修路王”施工质量的重要保障。

用“修路王”对路面进行充分加热，然后耙松，再喷洒乳化沥青、添加少量新料，然后压实路面，这样可以实现施工后路面与原路面之间的“热黏结”效果，彻底消除了传统工艺施工后存在的弱接缝和弱界面，将路病返修率降到最低。

充分利用加热墙的这个特点，还能保证冬季施工的质量。冬季气温低，如果采用传统工艺施工，添加进去的新料温度急剧下降，路面材料快速收缩，新旧路面的接缝处十分明显，严重影响道路外观和使用寿命。

英达“修路王”的加热墙则能够在冬季进行正常施工，将路面加热至施工所需温度和深度，保证冬天施工也能实现层间热黏结，从而将路病返修率降到最低，延长道路使用寿命。

谢叶锋正操作“修路王”对路病进行修复

英达“修路王”，高速路日常养护优质的保障

江西省高速公路工程有限公司操作手　黄剑

加热墙是英达“修路王”保证施工后路面质量优异的一大“有力武器”。

“修路王”的料仓解决了供料问题，保证沥青混合料质量，降低了用料成本。

“修路王”在质量、成本上的优势促使我们购买了第二台“修路王”。

黄剑

我是一个有着十年养护工作经验的高速公路养护工人。从2004年我们公司买入第一台英达“修路王”以来，这台设备一直由我负责操作和使用，对于这台设备，我可是有发言权的。

先说说质量方面，无论是养护公司还是高速公路业主，对养护质量都会格外看中，因为日常养护的质量会直接影响后期的大中修项目开展，影响道路的使用寿命。

从施工后路面的质量上来看，英达“修路王”就比传统工艺有着较大的优势。传统施工中的施工界面总是很难处理，尽管我们施工时也会预先洒上黏层油，但经过一段时间的使用，还是会不可避免地出现层间滑移等现象。但英达“修路王”就能够很好地解决这一问题，通过对路面进行间歇式热辐射加热，它的加热墙能把路面“焊”起来，两块黏成一块，不仅没有弱接缝、弱界面问题，雨水根本就找不到一条缝儿往里渗，而且更加耐得住车辆碾压了。可以说，加热墙是英达“修路王”保证施工后路面质量优异的“有力武器”。

除了加热墙之外，英达“修路王”的另一项“秘密武器”就是其料仓。这个料仓具有恒温保温功能，它可以将冷料块加热变成热料直接使用，这就解决了施工中的供料问题。以前，一旦需要修路就得从拌和场购买新料，不仅成本提高、运输麻烦，而且用不完的料还只能白白地浪费掉，现在可就不一样了，不但使用方便，还节省了新材料采购成本。

正是因为“修路王”有着诸多优点，我公司2007年时又从英达公司购置了一台“修路王”，两

台设备互相配合，共同担负着昌樟、温厚两条高速公路的养护任务。尽管这两条路的养护总里程超过100公里，而且还是江西较早建成的老路，但我们在日常养护中并没有感到有太大压力，这都得益于英达“修路王”。

“修路王”正在进行大面积路病养护施工

使用英达“修路王”，路面平整无缝真美观

江苏连徐高速公路有限公司徐州养护处　陈烁帆

英达“修路王”集加热装置、耙松设备、加热料仓、手扶式振动压路机等各项设备于一身，一台设备就能够独立完成各种路病的修复工作。

有了“修路王”以后，以前需要八个人才能完成的工作，现在只要四个人就能完成了。

作为江苏连徐高速公路徐州段的一名道路养护工作者，我对英达“修路王”有一些自己的使用体会，自从公司购买了一台英达PM400“修路王”后，我们的养护工作大变样。

从事过道路养护或者亲眼目睹过养护施工的人都能体会，道路养护是个累人的活。采用传统工艺施工，切割、破碎、清扫都是体力活，而且修一个路病要花上大半天时间，经常加班加点才能完成养护任务。

而“修路王”则完全不同，它集加热装置、耙松设备、加热料仓、手扶式振动压路机等各项设备于一身，一台设备就能够独立完成各种路病的修复工作。“修路王”的加热墙能够对路面进行充分加热、软化，使路面耙松起来非常轻松，不再需要切割、破碎，简化了养护施工流程，也降低了

有了“修路王”以后，以前八个人的养护工作，现在四个人就能完成

劳动强度。以前需要八个人才能完成的工作，现在只要四个人就能完成了。

作为中国最长的横向高速公路——连霍高速公路的重要组成部分，连徐高速公路横跨苏北，自通车以来，路面陆续出现了一些病害，其中最主要的是裂缝、车辙、坑槽及大面积烧伤。有了“修路王”以后，治理这些路病，再也不头疼了，即使遇上大面积路病，用英达“修路王”也能轻松应对。如果采用传统工艺，热料冷补的方式很容易造成弱接缝和弱界面，修复后的路面经过重载车辆碾压后，很容易产生裂缝、坑槽等路病。

我们首先使用“修路王”的加热墙对病害处进行加热，加热的最大好处就是实现修补后的路面跟原路面之间形成“无缝黏结”，路面更加平整、美观，路病也不易复发。另外，加热墙展开后有4～6平方米，还可以左右旋转或横移，遇到一些难治理的横向或纵向裂缝，只要移动加热墙的角度，就可以实现对病害处的加热，操作起来更加灵活、方便。

有了“修路王”，我们的工作也迈向了科技化的道路，现在我会很骄傲地告诉别人我是一名负责操作“修路王”的养护工人。

“修路王”修复后的路面更加平整、美观，路病也不易复发

附　录

英达“修路王”简介

英达PM系列沥青路面热再生修补车，又称“修路王”，是以英达就地热再生技术为核心的沥青路面综合养护设备，也是一台能够独立进行大面积路病修补的日常修补设备。

“修路王”是国家行业标准2002年《公路沥青路面养护技术规范》唯一推荐的就地热再生日常修补设备。自1998年第一台“修路王”面世以来，该设备历经市场考验，技术不断改进升级，至今已在全国多个省市得到应用，并且获得了客户的广泛认可。在历届用户满意的筑养路机械评比中，英达“修路王”均获得用户满意度第一名。

“修路王”的诞生解决了传统道路养护工艺存在的浪费资源、养护工期长、修复质量差等问题，具有环保、节约、优质、高效、节省人力的特点。“修路王”实现了对原路面材料原价值循环再用，降低了综合养护成本；质量检测数据显示，“修路王”可消除传统工艺施工中无法避免的弱接缝和弱界面，提升路面层间抗剪强度，延缓了路病的复发周期；“修路王”一体化的设计提升了施工效率；一般情况下，2-3名工人、1台“修路王”在30分钟以内即可完成一处路病的日常修补。此外，“修路王”自带的料仓设计解决了远距离、应急性的供料需求，提高了道路应急抢修的能力。

除可进行常见的坑槽、裂缝、壅包等13种路病治理之外，“修路王”在窨井盖周边路病、桥头跳车、新建路面缺陷等路病治理上也具有独到的优势。

核心技术

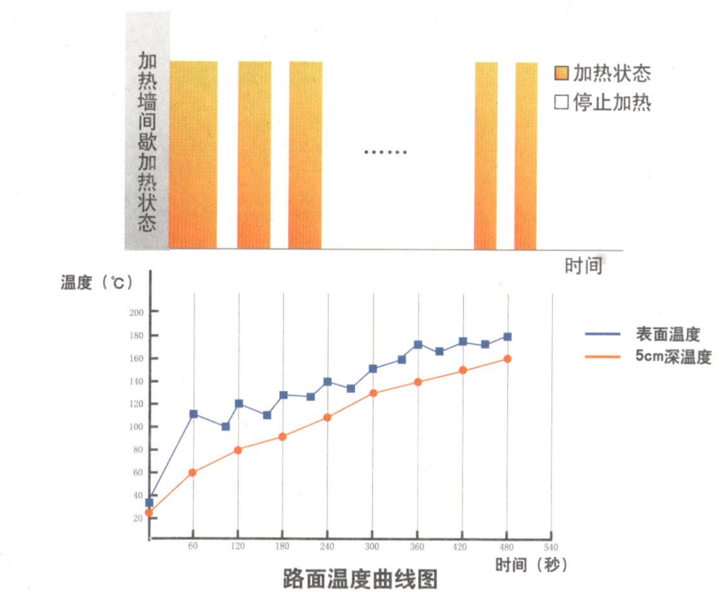

路面温度曲线图

间歇性热辐射加热技术：可对路面进行充分加热，又可最大程度地避免沥青老化的现象

英达PM系列“修路王”采用间歇性热辐射加热技术，可产生强大的热能，又能迅速降至常温，使温度逐渐从路表传递下去。

既确保了加热温度和加热深度达到施工要求，又可最大程度地避免了沥青老化。解决了业界热再生施工中一直存在的烧焦路面、破坏沥青粘性的问题。

加热器

冷空气

热空气

英达旋转式自动加热恒温料仓

英达固定式自动加热恒温料仓

旋转式/固定式自动加热恒温料仓：满足不同供料需求

英达PM系列“修路王”采用拥有国家专利技术的沥青混合料自动加热恒温料仓。

其中创新的旋转式料仓可迅速将仓内的料块均匀加热软化。同时，料仓的间歇式旋转加热方法，有效避免热料的烧焦和离析现象。旋转式料仓高效的加热方式，解决了远距离作业、应急性抢修中热料的供应问题。采用红外探测器直接探测沥青混合料温度,准确度高。

而英达的固定自动加热恒温料仓容量大，更适合有计划的预防性养护。

传统工艺修补后的路面

原沥青混合料

新沥青混合料

传统养护工艺，新、旧沥青混合料之间无法紧密黏合，易产生横向弱界面、纵向弱接缝。引发水损害及多种路病。

英达就地热再生修补后路面

原沥青混合料

再生沥青混合料

采用英达层间热黏结技术，可以使再生后沥青混合料与原路面材料挤嵌成一个整体，彻底消除弱接缝、弱界面。

层间热黏结技术：提升路面整体质量

使用PM“修路王”修复路面后，再生层与原路面下承载层材料形成热黏结，两者挤嵌成一个整体，不会出现传统工艺施工后存在的弱接缝和弱界面。

层间热黏结技术，可以阻隔水分流入基层，防止水分破坏路基，大大提高了施工质量，将路病返修率降到最低，延长了道路的使用寿命。

试验数据及实际测试结果表明，采用PM“修路王”修复后的路面，抗剪强度比使用传统施工大大提高。

产品特点

电气系统控制盒：集中型控制系统，操作更简洁，工作状态显示更直观。

废料仓：废料储存装置，无需废料车来回运送，节约人力、物力成本。

液化气罐：采用清洁能源，可充分燃烧，清洁环保。

VR50型压路机及其抬举机构：操作简便的小型压路机，不用时悬挂在汽车前部的大梁上，电气控制按钮方便挂取。

乳化沥青控制系统：自动加热、保温，有效避免乳化沥青破乳现象。冬天亦可使用。气压式乳化沥青喷洒系统，不会堵塞喷口，清洗方便。

工具箱：容量大，可存放液压镐等工具。

自动加热保温料仓及二级螺旋输送系统：料仓可对沥青混合料进行加热保温，满足了一年四季公路养护的要求。配备的二级螺旋输送系统，可实现行走中供料和长距离供料。

加热墙：采用间歇式热辐射加热技术，可对路面进行充分加热，同时将加热引起的路面老化降至最低。

产品型号

自第一台"修路王"面世以来，经过不断技术创新，英达PM"修路王"系列已经发展出11大产品，包括PM640-48-TRK、PM500、PM400-48-TRK、PM380、PM300-36-TRK、PM250-36-TRK、PM220、PM200-36-TLR、PM180、PM150-TLR、PM100，可充分满足客户需求。

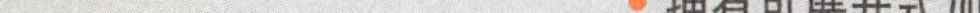

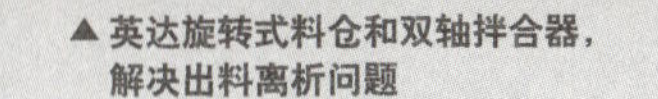

▲ 英达旋转式料仓和双轴拌合器，解决出料离析问题

PM500"修路王"：旋转式料仓带来的养护技术革命

- 配备了英达旋转式高效料仓，在车辆行驶时料仓系统可以正常加热工作，到现场时沥青料已达到施工温度，大大提高施工效率。
- 优越设计能保证旋转料仓及加热墙在现场能同时工作，工作效率高。
- 专利间歇性加热控制方式，大大减少了出料离析问题。
- 采用红外技术探测料仓内沥青料实际温度，准确可靠。
- 双轴拌和器，解决了出料二次离析的问题。
- 通过温度传感器探测路面温度，实现智能化自动控制加热。

PM220"修路王"：轻便灵活的道路修复专家

- 拥有可展开式加热墙，展开尺寸为3.8m×0.75m。可轻松完成对整条车道的加热，适合半刚性基层反射裂缝的热修补，质量更高。
- 拥有容积达2m³的大容积料仓，可一次性修补多处路病，无需往返加料，效率更高。
- 轻巧灵活的特性，无论在高速公路、市政道路或是乡村公路，都能充分满足业主的养护需求。

▲ 可展开式加热墙

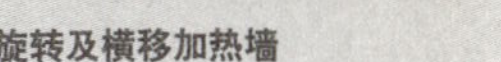

▲ 左右旋转及横移加热墙

▲ 疏松耙

PM400"修路王"：大面积路病修复多面手

- 可移动加热设计，加热面积及效率大大提高，实现了独立完成大面积路病的修复。
- 加热墙尺寸达2.4m×1.8m，分为四个加热区，可根据路病的情况选择分区加热。工作时加热墙可以以中心为轴，左右旋转45度，左右横移150cm，施工操作更加灵活、方便。
- 配备疏松耙，治理大面积路病时效率更高。
- 配置了二级螺旋输送系统，可在行走中供料，长距离供料。
- 配有一个3.2m³标准料仓，内部被分割为6个小仓，设有多组加热器对料仓均匀加热，能有效提高沥青混合料的加热速度和均匀性。

公路

典型案例摘登

英达PM系列“修路王”自问世以来，已经在公路、市政道路上得到了广泛应用。“修路王”在各种常见的路病，特别是在大面积路病和反射性裂缝的治理中有独到优势，并且独创了快速修复城市金属井盖技术。

市政道路

典型案例摘登

PM“修路王”对窨井盖的修复

城市金属窨井盖由于周围的回填材料无法充分压实，达不到设计要求的密实度，造成井盖及周围路面下沉和开裂，传统修复方法难以治本，路病复发周期短。

“修路王”在井盖处理上表现出了独到优势：经过加热、耙松、碾压等简单步骤修复后的井盖，周围实现完全热黏结，消除了弱接缝、弱界面，保证施工质量，延长了道路使用寿命。

修复后井盖

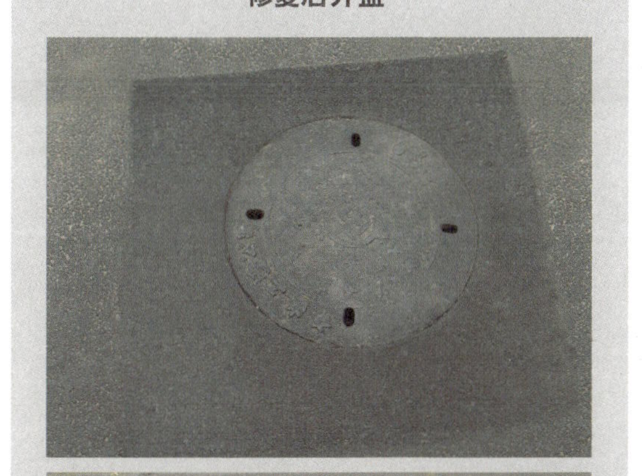

A 对待修理的金属窨井盖，先将四周的沥青路面进行加热。

B 抬起加热墙，铲松窨井盖周围的沥青路面，喷洒再生剂。

C 加入少量新料后，整平、碾压。

英达“修路王”香港施工现场

PM“修路王”在香港

对13条道路进行整幅整治出新

对症下药，更好更方便的对路病进行治理

- 遥控慢速行驶驱动装置：慢速行驶，加热更均匀，热能渗透更充分；
- 遥控驱动，远程控制，操作更安全，充分适应了交通流量大、道路狭窄的道路修补需要；
- 安装了两种型号可拆卸的展开式加热墙，另外配备的疏松耙可根据路面宽度进行调整，一次性对整幅车道进行加热、耙松。

完全符合香港《噪音管制条例》，名副其实的环保、不扰民

- 香港是全世界对噪音管制最严的地区之一；
- 根据香港《噪音管制条例》规定：下午11时至翌日7时，或在公众假日的任何时间，任何人在住所或公共场所发出或促使发出噪音，即属犯罪，将处以高额罚款；
- “修路王”没有铣刨环节，不仅不会产生废料污染环境，连施工中的噪音也极低；
- 手扶式振动压路机具备振动和静碾压两种工作模式，在确保强大激振力能有效压实沥青路面的同时，也较好控制噪音。

“修路王”机动灵活，不惧坡道、窄路

- 一体化设计，机动灵活，占用空间小，施工只占一股道，不影响其他车道车辆通行；
- 单台设备独立工作，转场快捷、方便；
- 部分施工路段位于山区，“修路王”在上、下坡路段也能正常施工；
- 在洪兴道，路面宽度最窄只有2.7米，最宽达到3.6米，依靠加热墙灵活的展开、收起，“修路王”轻松地完成了所有路面病害的治理。

旭稣道施工现场

洪兴道施工现场